Dieter Maier

# Wanderungen auf der Schwäbischen Alb

Kultur zu Fuß

Dieter Maier

# Wanderungen auf der Schwäbischen Alb

56 Farbabbildungen, 30 Tourenkarten und eine Übersichtskarte

Kultur zu Fuß

STEIGER VERLAG

Der Autor:
Dr. Dieter Maier, geboren und aufgewachsen auf der Schwäbischen Alb, ist seit rund 20 Jahren als freier Autor im Wanderbuchbereich tätig. Die Touren für diesen Führer hat er alle aktuell recherchiert und fotografiert.

Die Deutsche Bibliothek - CIP-Einheitsaufnahme

**Maier, Dieter:**
Wanderungen auf der Schwäbischen Alb / Dieter Maier. -
Augsburg : Steiger, 1997
(Kultur zu Fuss)
ISBN 3-89652-061-X



Gedruckt auf chlorfrei gebleichtem Papier.

**Steiger Verlag**

Konzeption: Dr. Petra Altmann
Kartenskizzen: Ingenieurbüro für Kartographie Heidi Schmalfuß, München
Layoutentwurf: VerlagsService Dr. Helmut Neuberger & Karl Schaumann, Heimstetten
Satz, Layout und Reproduktion: Typework Layoutsatz & Grafik GmbH, Augsburg
Druck und Bindung: Appl, Wemding

Einbandvorderseite: Landschaft auf der Schwäbischen Alb (Foto: Mauritius, Mittenwald/Foto: Albinger); Vignette auf der Einbandvorderseite: Schloß Lichtenstein (IFA-Bilderteam, München/ Foto: G. Hahn); Einbandrückseite: Burg Katzenstein bei Neresheim (Mauritius, Mittenwald/Foto: R. Mayer);

S.1: Die Burg Hohenzollern bei Hechingen ist die Stammburg der gleichnamigen Fürsten. Seite 2/3: Blick vom Knopfmacherfelsen auf das Durchbruchstal der Donau und die alte Benediktinerabtei Beuron.

Sofern nicht anders angegeben, stammen alle Abbildungen von Dr. Dieter Maier.

Printed in Germany

ISBN 3-89652-061-X

# Inhaltsverzeichnis

= für Kinder besonders geeignete Touren

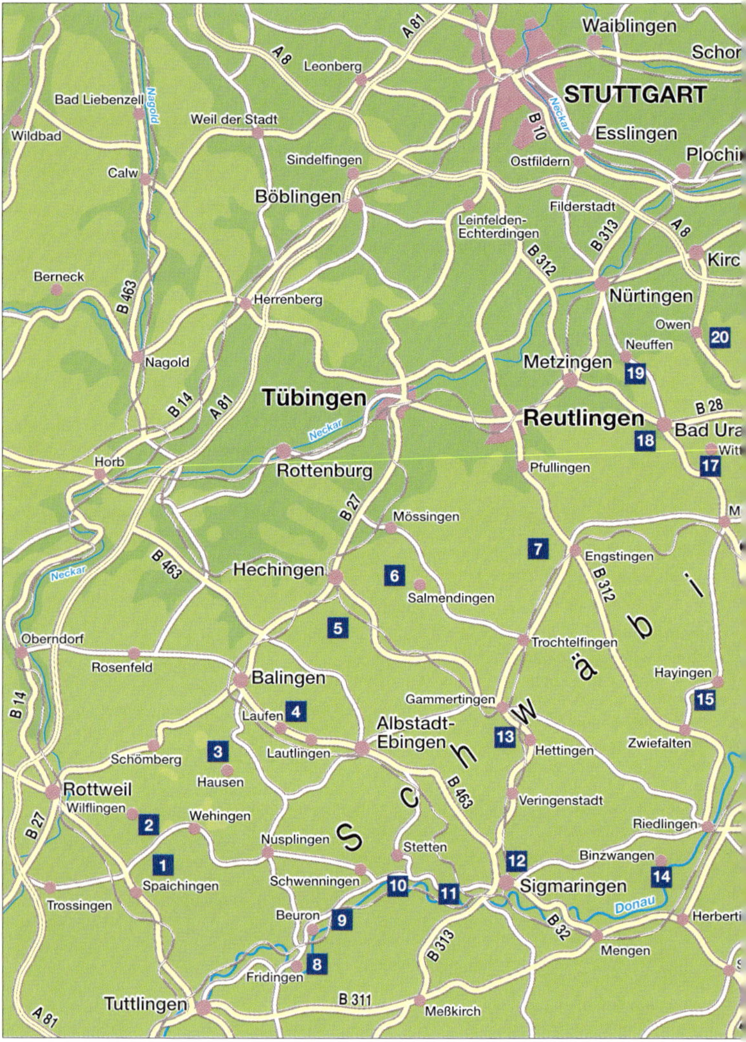
Waiblingen
Schor
A 81
A 8
Leonberg
STUTTGART
Bad Liebenzell
Nagold
Weil der Stadt
Wildbad
B 10
Neckar
Esslingen
Plochi
Sindelfingen
Ostfildern
Calw
Böblingen
Filderstadt
Leinfelden-
Echterdingen
B 313
A 8
B 312
Kirc
Berneck
B 463
Herrenberg
Nürtingen
Owen
20
Neuffen
Nagold
Metzingen
19
Tübingen
B 14
A 81
B 28
Reutlingen
Bad Ura
Neckar
18
Witt
Horb
Rottenburg
Pfullingen
17
B 27
Mössingen
M
7
B 463
Engstingen
Neckar
Hechingen
6
B 312
Salmendingen
Oberndorf
5
Trochtelfingen
Rosenfeld
Balingen
Hayingen
15
B 14
Gammertingen
Laufen
4
Albstadt-
Ebingen
13
3
Lautlingen
Hettingen
Zwiefalten
Schömberg
Hausen
B 463
Rottweil
Veringenstadt
Wilflingen
2
Wehingen
Riedlingen
B 27
Nusplingen
Stetten
12
Binzwangen
1
Spaichingen
Schwenningen
10
11
Sigmaringen
14
Trossingen
Donau
Beuron
9
B 32
Herberti
B 313
Mengen
8
Fridingen
Tuttlingen
B 311
Meßkirch
A 81
S
c
h
w
ä
b
i

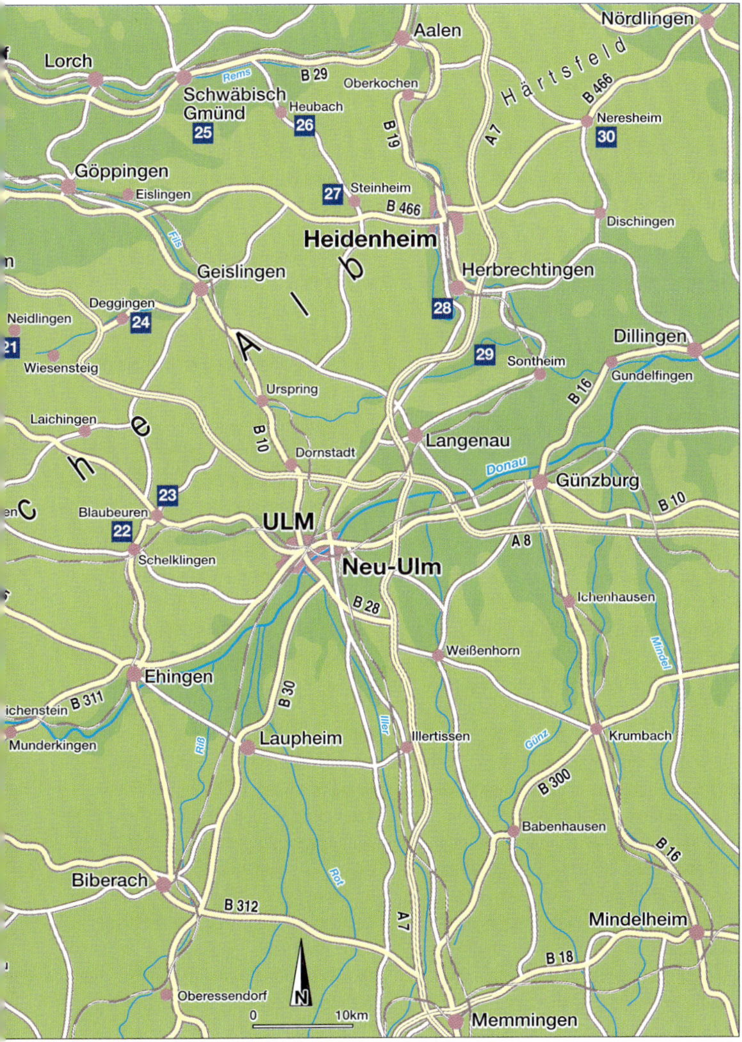
Nördlingen
Aalen
Lorch
Rems
B 29
Oberkochen
Schwäbisch Gmünd
Heubach
25
26
B 19
A 7
Härtsfeld
B 466
Neresheim
30
Göppingen
Eislingen
27
Steinheim
B 466
Dischingen
Fils
Heidenheim
Geislingen
Herbrechtingen
Deggingen
Neidlingen
24
28
21
Wiesensteig
29
Sontheim
Dillingen
Gundelfingen
Ursprung
B 16
Laichingen
B 10
Dornstadt
Langenau
Donau
Günzburg
23
Blaubeuren
ULM
22
B 10
A 8
Schelklingen
Neu-Ulm
B 28
Ichenhausen
Mindel
Weißenhorn
Ehingen
B 311
B 30
Munderkingen
Laupheim
Iller
Illertissen
Günz
Krumbach
Riß
B 300
Babenhausen
B 16
Rot
Biberach
B 312
A 7
Mindelheim
B 18
N
Oberessendorf
0
10km
Memmingen

# Einleitung

## Landschaftsstruktur

Die Schwäbische Alb – Deutschlands größte Karstlandschaft mit steil abfallenden, weiß leuchtenden Felsen, tiefen, engen Tälern und herrlichen Weiten auf der Hochfläche – bietet ein vielfältiges, stimmungsreiches und hervorragend erschlossenes Wandergebiet, das die unterschiedlichsten Ansprüche an Natur, Kultur und die eigene Kondition erfüllen kann und außerdem zu jeder Jahreszeit für Erholungsuchende geeignet ist.
Dieses abwechslungsreiche »Schichtstufengebiet« erstreckt sich mit einer Länge von 150 und einer Breite von 40 Kilometern zwischen Tuttlingen im Westen und Nördlingen im Osten sowie zwischen dem Neckarland im Norden und dem Donautal im Süden und erreicht dabei – mal steil, mal sanft ansteigend – eher unspektakuläre, aber gleichwohl anspruchsvolle Höhen bis knapp über 1000 Meter. Die Weite der welligen Hochfläche präsentiert sich im bunten Wechsel von Wäldern, Äckern, Wiesen und kargen Wacholderheiden, und von den Abbruchkanten bieten sich prächtige Tiefblicke weit ins Vorland hinaus.
Das heutige Mittelgebirge ist der Rest eines gewaltigen, im Laufe von Jahrmillionen abgelagerten und später emporgehobenen und umgeschichteten Meeresbodens. Vor gut 150 Millionen Jahren bedeckte Süddeutschland ein weites Meeresbecken. Tropische Temperaturen ließen darin üppiges Leben gedeihen. Muscheln, Ammonite und Schnecken sanken darin zu Boden und sind uns heute als Fossilien erhalten. Schwämme und Korallen wuchsen in die Höhe und präsentieren sich jetzt als die schönsten Kletterfelsen.
Im Laufe der Zeit wurden die Ablagerungsschichten des Jurameeres gehoben, am stärksten im Südwesten, wo sich noch heute die höchsten Gipfel der Schwäbischen Alb finden.
Gegen Südosten hin fallen die Sedimentschichten wie eine schräggestellte Schokoladentafel zur Donau hin ab. An der markanten Nordkante konnte die Erosion ihre Kräfte voll entfalten und in Jahrmillionen den eindrucksvollen Albtrauf formen. Tiefe Flußeinschnitte haben hier isolierte Zeugenberge freigenagt. Sie verraten, daß der Albtrauf ursprünglich wesentlich weiter nördlich abgebrochen sein muß als heute.
Auch an der sanften Südseite war die Erosion nicht untätig. Hier gab es vor etwa 40 Millio-

**Vom Knopfmacherfelsen aus hat man einen prächtigen Blick auf das Durchbruchstal der Donau.**

nen Jahren zwischen Alb und Alpen ein Molassemeer, dessen Brandung die Juraplatte im Süden anknabberte und vor allem glattschliff. Deshalb bildet der Südteil der Alb bis heute eine Ebene und heißt daher auch Flächenalb. Der Kernbereich dagegen, zwischen der alten Uferlinie des Molassemeeres und dem Albtrauf im Norden, ist hügeliger und heißt deshalb Kuppenalb.

Ein weiteres Gestaltungselement kam im späten Tertiär vor etwa 15 Millionen Jahren dazu, als an der nördlichen Bruchkante eine heftige Vulkantätigkeit einsetzte. Durch Gasexplosionen entstanden runde Krater, erkaltete Vulkanschlote ließen Kegelberge zurück. Am heftigsten war die Vulkantätigkeit in der Gegend um Bad Urach und im Bereich der Teck.

Weil Kalk wasserlöslich ist, griff die Erosion die Schwäbische Alb nicht nur von außen an. Das Regenwasser bahnte sich vielmehr den Weg durch Spalten und Klüfte in immer größere Tiefen. Unterirdisch entstand ein komplettes Flußsystem, die Hochfläche dagegen fiel völlig trocken. Im gleichen Maße wie sich die Alb hob, drang das Wasser in größere Tiefen und tritt bis heute in den Flußtälern und den sagenumwobenen Quelltöpfen zutage. Durch den sinkenden Wasserspiegel fielen im oberen Teil der Alb zahlreiche größere Höhlen trocken, die schönsten sind mit ihren bizarren Tropfsteinen berühmte Schauhöhlen.

Die »letzte Hand« legte die Eiszeit an die Alb. Zwar reichten die Gletscher der Alpen nur bis wenig nördlich der Donau, doch erstarrte das gesamte unterirdische Flußsystem der Alpen zu Eis. Deshalb mußte das Regen- und das Schmelzwasser wieder an der Oberfläche abfließen, wodurch die zahlreichen, heute so interessanten Trockentäler entstanden. Ihre Hänge überraschen mit einer überreichen Trockenflora und besonders schön geformten Felsformationen.

## Wanderwegenetz

»Wahrlich! Ein Gott, ein Gott hat dieses Gebirge geschaffen«, stellte schon Friedrich Hölderlin (1770 – 1843) über seine Heimat fest. Weil immer mehr Menschen diese Schönheiten zu schätzen wußten, wurde bereits 1888 der Schwäbische Albverein zur Erschließung des Karstgebirges für die »Wandersleut'« gegründet. Heute betreut der Verein ein Wegenetz von über 13 000 km, zahlreiche Aussichtstürme und einige Wanderheime. Die Wegmarkierungen des Vereins sind auf der Alb allgegenwärtig, jeder Wanderer kann ihnen vertrauensvoll folgen. Die vom Landesvermessungsamt in Zusammenarbeit mit dem Albverein erarbeiteten Wanderkarten sind das ideale Rüstzeug für jede Tour.

Viele Startplätze liegen an speziell dafür vorgesehenen Wanderparkplätzen und sind in den Beschreibungen meist mit »WP« abgekürzt; wo eine Anfahrt mit dem Zug sinnvoll und/oder bequem möglich ist, werden auch die nächstgrößeren Bahnhöfe (DB) genannt.

## Anforderungen an die Wanderer

Weil die Alb ein Gebirge mit einem riesigen Plateau, aber auch zahlreichen Abbrüchen ist, können die Anforderungen an die Wanderer sehr unterschiedlich sein. Wer einer Route in den Tälern oder auf der Hochfläche folgt, braucht kaum Höhenunterschiede zu bewältigen und kann deshalb auch problemlos größere Streckenwanderungen

in Angriff nehmen. Wer dagegen vom Tal auf die Hochfläche oder umgekehrt wechselt, wird schnell bemerken, daß kräftezehrende Höhenunterschiede Strecken, die auf der Karte sehr kurz erscheinen, zum anstrengenden, aber eben auch beglückenden Unternehmen geraten lassen. Die Touren, die sich von ihren Anforderungen und den gebotenen Attraktionen besonders für Kinder eignen, sind im Inhaltsverzeichnis und bei der Tourennummer im Text mit einem Kindersymbol  gekennzeichnet.
In keinem Fall aber sollten sich die wie auch immer ambitionierten Wanderer verleiten lassen, auf feste Wanderschuhe mit guter Profilsohle zu verzichten. Gerade auf viel begangenen Wegen nämlich sind die feinen Poren des Kalkgesteins mit Lehm verschmiert. Kommt dann Feuchtigkeit oder gar nasses Buchenlaub dazu, können nur gute Schuhe die Trittsicherheit gewährleisten.

## Wandern zu jeder Jahreszeit

Durch ihre vielfältigen Landschaftsformen ist die Schwäbische Alb geradezu dafür prädestiniert, Wanderer rund ums Jahr anzulocken. Wohl gibt es auf der Hochfläche bei Höhen um die 1000 Meter häufig bis in den April hinein Schnee. Umgekehrt sind an den Südseiten geschützter Täler nicht selten Anfang März bereits die ersten Veilchen zu finden und bald darauf an besonders sonnigen Stellen die ersten Küchenschellen. Damit hängt ab Mitte November bis Ende Februar alles entscheidend von der Wahl der richtigen Route ab. Wer richtig wählt, kann selbst im tiefen Winter und auf der Hochfläche zauberhafte Wandererlebnisse haben.

## Exkurs in die Geschichte

Die ältesten menschlichen Spuren auf der Schwäbischen Alb fanden sich in Höhlen. Bearbeitete Steine und Knochen belegen, daß es bereits vor 25 000 Jahren umherstreifende Jäger gab. Deutlicher wird das Bild dann in der Mittleren Steinzeit, wo die Höhlen der südlichen Alb den nacheiszeitlichen Jägern dauerhaft Unterschlupf boten. Schon in der Jungsteinzeit gab es die ersten Bauern, die Einkorn (Vorläufer vom Dinkel), Gerste und Erbsen anbauten. Aus der gesamten Bronzezeit (etwa 1800 bis 800 v.Chr.) finden Wanderer immer wieder Zeugnisse in der freien Landschaft in Form von alten Hügelgräbern. Aus

**Zwischen Beuron und Sigmaringen finden sich immer wieder romantische Winkel, in denen die Jurafelsen senkrecht aus dem dunklen Donauwasser steigen.**

der keltischen Zeit (die letzten 800 Jahre vor der Zeitenwende) sind die Zeugnisse sogar noch eindrucksvoller. Zahlreiche »Viereckschanzen« markieren alte Kultstätten, große Fluchtburgen geben Hinweise auf die Siedlungsdichte.

Noch einmal klarer wird das Bild mit dem Eindringen der Römer, die um die Zeitenwende die Donau eroberten. Um ihren »Limes« (Grenzbefestigung) auf die Hochfläche der Alb hinauf zu verlegen, brauchten sie dann allerdings rund 80 Jahre. Erst um 85 n.Chr. war der »Alblimes« zwischen Burladingen und Heidenheim gesichert. Bis heute sind die von den Römern möglichst schnurgerade angelegten Verbindungswege gut zu erkennen und nicht selten Teil eines Wanderweges. Den Rückzug der Römer von der Alb erzwangen schließlich die Alemannen bis zum Jahr 260.

Die dunkle Zeit zwischen der Vertreibung der Römer und der erneuten Christianisierung während der Karolingerzeit endete auf der Schwäbischen Alb mit dem Aufstieg der großen Herrscherhäuser der Hohenstaufen und Hohenzollern. Die Staufer erhielten 1079 das Herzogtum Schwaben und kamen 1138 mit Konrad III. auf den deutschen Königsthron. Die Grafen Burchardus und Wezil de Zolorin (Reichenauer Chronik von 1061) befestigten im 11. Jh. den 855 m hohen Zoller bei Hechingen. Bis zum frühen 15. Jh. wurde daraus das »vesteste Haus in teutschen Landen«. 1415 erhielten die Hohenzollern die Kurfürstenwürde und wenig später die Belehnung mit der Mark Brandenburg. Seither bestimmten die Hohenzollern von Berlin und Potsdam aus die deutsche Geschichte als Kurfürsten, Könige und zuletzt deutsche Kaiser wesentlich mit.

Nicht alle Hohenzollern aber zog es nach Norden. Graf Eitel Friedrich II. von Hohenzollern erhielt 1495 das oberste Richteramt des Reiches, sein Enkel bekam 1534 vom Kaiser die Grafschaft Sigmaringen. Nun gab es die Linie Hohenzollern-Hechingen mit der Stammburg Hohenzollern und die Linie Hohenzollern-Sigmaringen mit der Stammburg auf dem letzten Felsen des Donaudurchbruchs.

Auch die bodenständigen Hohenzollern blieben keineswegs ohne Amt und Würden im Reich. 1623 erhielten sowohl die Hechinger wie die Sigmaringer Fürsten die Reichskurfürstenwürde. Danach dienten sie dem Kaiser in unterschiedlichsten Rollen. Seit die Hechinger Linie 1869 ausstarb, dürfen sich die Sigmaringer sogar alleine Fürst von Hohenzollern nennen.

## Burgen auf der Alb

Kaum irgendwo in Deutschland gibt es so viele Burgen auf so engem Raum wie im Bereich der Schwäbischen Alb. Vor allem der Albtrauf im Norden und die Ränder des Donaudurchbruchs sowie die des Großen Lautertales sind geradezu gespickt mit Burgen und Burgruinen. Die ältesten von ihnen gehen auf das 11. Jh. zurück, als örtliche Adelsgeschlechter damit begannen, ihre Stammsitze auf möglichst uneinnehmbare Felsen zu verlegen. Damals entstanden auf den Bergkegeln stolze Höhenburgen wie etwa auf der Achalm, dem Hohenstaufen, dem Hohenurach oder dem Hohenzollern.
Im 12. und 13. Jh. entstanden dann auf nahezu jeder brauchbaren Felsnadel kleine Burgen örtlicher Vögte, denen allerdings nur eine kurze Blüte beschieden war. Selbst mitten in bestehenden Orten entstanden befestigte Burgen, aus denen im Glücksfall mit der Zeit mehr oder weniger große Wohnschlößchen wurden. Paradebeispiele dafür sind das Zollernschlößchen von Balingen und das riesige Zollernschloß in Sigmaringen.

Die stolzeste Burg der Schwäbischen Alb ist die Burg Hohenzollern. Sie war 1423 nach einjähriger Belagerung durch 18 schwäbische Reichsstädte völlig zerstört und 31 Jahre danach noch einmal neu erbaut worden. Das endgültige Aus brachte der Dreißigjährige Krieg, der von der einst stolzen Burg nur Ruinenreste übrigließ. Erst König Friedrich Wilhelm IV. erinnerte sich in romantischer Begeisterung an die Stammburg seiner Ahnen, kaufte am 7.12.1849 von Fürst Friedrich Wilhelm von Sigmaringen das hohenzollerische Stammland für Preußen zurück und begann den Neubau der Stammburg. Vollendet wurde der am 3.10.1867 mit der Einweihung durch König Wilhelm I. Seither grüßt die stolze Burg als neugotisches, romantisches Märchen wieder von einem der schönsten Zeugenberge der Schwäbischen Alb.
Auch das andere Paradebeispiel vom Burgenbau durch die Hohenzollern geht immerhin bis auf das 12. Jh. zurück. Damals errichteten die Grafen von Hohenzollern auf dem Sigmaringer Schloßfelsen ihre erste Burg. Aus der zunächst kleinen Burg wurde nach und nach eine respektable Residenz, die vom 17. bis zum 19. Jh. stetig ausgebaut wurde. Im 19. Jh. schließlich war

der Ausbau zum jetzigen neugotischen, aber im Vergleich zur Burg Hohenzollern riesigen Residenzschloß fertig.

## Kirchen und Klöster

Die ältesten Kirchen und Klostergründungen auf der Schwäbischen Alb erfolgten zur Zeit der Karolinger. Ihre Bedeutung reichte jedoch kaum aus, größere Spuren zu hinterlassen. Erst die im 11. Jh. von örtlichen Grafen gestifteten Klöster hinterließen bis heute sichtbare Spuren.
Allein zwischen 1085 und 1095 wurden so bedeutende Klöster wie die von Blaubeuren, Zwiefalten, Neresheim, Urspring oder Beuron gegründet.
Weil Kirchen und Klostergebäude von Anfang an in Stein errichtet wurden, die Schwaben aber für ihre Sparsamkeit berühmt sind, gab es zwar je nach Blüte des kirchlichen und klösterlichen Lebens stetige Erweiterungsbauten, doch versuchte man immer, Vorhandenes zu integrieren. Nicht wenige Kirchen präsentieren sich deshalb bis heute mit romanischen Schiffswänden, frühgotischem Chor, spätgotischen Fresken und Ausschmückungen aus Barock oder Rokoko. Wo der Reichtum größer war, gab es homogene Bauten wie etwa die des gotischen Klosters in Blaubeuren oder der spätgotischen Basilika in Heiligkreuztal. Wo selbstbewußte – und entsprechend reiche – Äbte regierten, entstanden großartige Barockanlagen wie in Neresheim, Obermarchtal oder Zwiefalten.

## Kulturgeschichtliches

Die für die Schwäbische Alb charakteristische Siedlungsform ist das Haufendorf. Um die Kirche als Mittelpunkt gruppieren sich mehr oder weniger geordnet die alten Bauernhäuser, die sich meist als länglicher Bau präsentieren, in dem Wohnhaus, Stall und Scheuer nebeneinandergereiht sind. Ursprünglich standen die größten Höfe um die Kirche, gegen den Dorfrand hin wurden die Häuser kleiner, weil ihre Besitzer weniger Grund und Boden oder überhaupt abhängig waren. Seit dem ausgehenden Mittelalter verschob sich diese Gliederung jedoch durch die vor allem auf der West- und Zentralalb praktizierte Realteilung. Bei ihr wurde von Generation zu Generation der Besitz immer mehr aufgeteilt. Nur auf der östlichen Alb galt das Anerbenrecht, bei dem der Hof geschlossen einem Erben übergeben wurde. Dieser mußte seine Geschwister auszahlen und den

Eltern einen »Austrag« sichern. Seit es auf der Alb Bauern gab, litten sie unter der karstbedingten Trockenheit. Dies und der ohnehin karge Boden sorgten dafür, daß lediglich eine Drei-Felder-Wirtschaft möglich war. Dabei war die gesamte Gemarkung in drei »Ösche« aufgeteilt. Im Winter-Ösch wurde Dinkel und später Weizen angebaut, auf dem Sommer-Ösch gab es Gerste und Hafer, der Brach-Ösch blieb ohne Bebauung. Auf einem Feld wurde also im ersten Jahr Wintergetreide, im zweiten Jahr Sommergetreide und im dritten Jahr nichts angebaut. Erst als im 18. Jh. die Kartoffel und der Klee aufkamen, gab es auch eine Nutzung für den Brach-Ösch. Weil man nur den Mist der wenigen Kühe auf die kargen Äcker und Wiesen verteilen konnte, blieb Schmalhans Küchenmeister, und stets drohte die Not durch alle Luken.

Vor allem in trockenen Jahren sorgte der Wassermangel häufig für zusätzliche Arbeit und Not. Nicht selten gab es auf der Hochfläche im Hochsommer wochenlang kein Wasser, es sei denn, man holte es mühsam mit dem Kuhfuhrwerk aus dem Tal. Der Autor selbst fuhr noch in den frühen fünfziger Jahren mit dem Kuhgespann von der Zollernalb hinunter ins Killertal, um Wasser zu holen. Die ersten Versuche, dem Wassermangel Herr zu werden, gab es Ende des vorigen Jahrhunderts. Am 18. 2. 1871 sprudelte in Justingen das erste auf die Hochfläche gepumpte Wasser aus dem Hahn. Innerhalb der nächsten zehn Jahre bestanden dann bereits neun Wasserversorgungsanlagen für rund 100 Albdörfer. Die letzten Dörfer allerdings erhielten ihr gepumptes Wasser erst in den fünfziger Jahren dieses Jahrhunderts.

Weil Not bekanntlich erfinderisch macht, suchten die Albbauern früh einen Zusatzverdienst. Die Männer fertigten Gerätschaften aus Holz (Peitschenmacher war ein angesehener Nebenerwerb), die Frauen nutzten ihre Nähkünste. Den großen Textilbetrieben etwa in Burladingen sieht man es heute nicht mehr an, daß sie allesamt in bäuerlichen Hinterstuben gegründet wurden. Geblieben aber ist bis heute die Lohnarbeit in der eigenen Stube als Nebenerwerb.

## Essen und Trinken

Ob die Alb tatsächlich rauh ist oder nicht, darüber ließe sich trefflich streiten. Tatsache jedenfalls ist, daß es bei den meisten Höfen einige Obstbäume gab, damit der Bauer zu seinem

wichtigsten Getränk, dem Most, kam. Im Herbst war es stets ein Freudentag, wenn das Kuhgespann mit den Säcken voller Äpfel und Birnen zur »Moste« rumpelte. Jeder Bauer schwor auf sein Hausrezept, demzufolge auf soundso viel Äpfel soundso viel Birnen zu kommen hatten. Zwei bis drei große Eichenfässer wurden pro Hof mindestens gefüllt, und um Nikolaus herum konnte man den ersten Most probieren. Heute ist der echte Albmost eher eine Rarität – wer ihn irgendwo angeboten bekommt, sollte ihn unbedingt probieren.
Besondere Gaumenfreuden wird man dagegen auf der Schwäbischen Alb vergeblich suchen. Wo jahrhundertelang ums nackte Überleben gekämpft wurde, konnten »Spezialitäten« keinen Platz finden. Um so solider war (und ist es manchmal noch) das Bodenständige. Was die Bäuerin wie selbstverständlich neben ihrer Hofarbeit aus Eiern, Mehl und Milch zauberte, war eigentlich Notbehelf und geriet doch zur Delikatesse: die vom Brett direkt in den Topf geschlagenen Spätzle, die nach Hausrezept gefüllten Maultaschen oder die vor allem im Winter beliebten Dampfnudeln. Nicht zu verachten waren auch die selbstgemachten Würste und die im eigenen Kamin geräucherten Speckseiten. In so manchem, von außen unscheinbaren Landgasthaus hat man sich auf die alten Traditionen besonnen und erfreut den Gast mit althergebrachten, aber grundsoliden Genüssen.

**Schloß Werenwag bei Beuron, eine Gründung der Fürsten von Fürstenberg, krönt eine steile Felsnase.**

# 1 Sprungbrett zum Himmel

**Tourenlänge**
9 km

**Durchschnittliche Gehzeit**
3 Std.

**Steigung**
320 m

**Etappen**
WP Spaichingen Heubergstraße – Dreifaltigkeitsberg 1 Std. – Klippeneck ¾ Std. – Denkingen ½ Std. – WP Spaichingen Heubergstraße ¾ Std.

**Tourencharakter**
Zwar verlangt diese Wanderung einen Aufstieg von 320 Höhenmetern und einen Abstieg von 290 m, die beide durchaus in die Knie gehen können, doch entschädigen dafür der Dreifaltigkeitsberg und das Klippeneck mit kulturellen und optischen Höhepunkten.

**Interessantes am Weg**
Dreifaltigkeitskirche auf dem Dreifaltigkeitsberg, Segelflugbetrieb auf dem Klippeneck, Bahndamm der ehemaligen Heubergbahn.

**Wegmarkierung**
WP Heubergstraße – Dreifaltigkeitsberg roter Balken; Dreifaltigkeitsberg – Klippeneck rotes Dreieck; Klippeneck – Denkingen blaues Dreieck; Denkingen – Spaichingen blauer Dreiblock.

## Vom Dreifaltigkeitsberg zum Klippeneck

Vom Spaichinger Wanderparkplatz an der Heubergstraße folgt man der Dreifaltigkeitsbergstraße aufwärts. Sie verläßt man beim Haus Nr. 45, um dem Stationenweg direkt auf den **Dreifaltigkeitsberg** zu folgen. Dieser entpuppt sich als ein weit gegen die Baar und den Schwarzwald vorgeschobenes Hochplateau, das mit der Albhochfläche nur durch einen etwa 250 m breiten Sattel verbunden ist. Damit ist der Dreifaltigkeitsberg keineswegs nur ein hervorragender **Aussichtsberg**. Für unsere frühen Vorfahren war er mehr eine natürliche, leicht zu verteidigende Fluchtburg. Deshalb siedelten hier bereits in der späten Steinzeit, also vor 4000 bis 5000 Jahren, die ersten Menschen. Früh versuchten sie, sich gegen feindliche Überfälle durch Wälle und Gräben zu sichern. Daraus wurde mit der Zeit ein ausgedehntes Wallsystem, dessen Reste auf dem Plateau gut zu erkennen sind. Wann welche Wälle entstanden sind, ist dagegen nicht so einfach zu bestimmen. Einigermaßen gesichert scheint lediglich zu sein, daß der etwa 230 m nördlich der Kirche gelegene Vorwall aus der Latènezeit

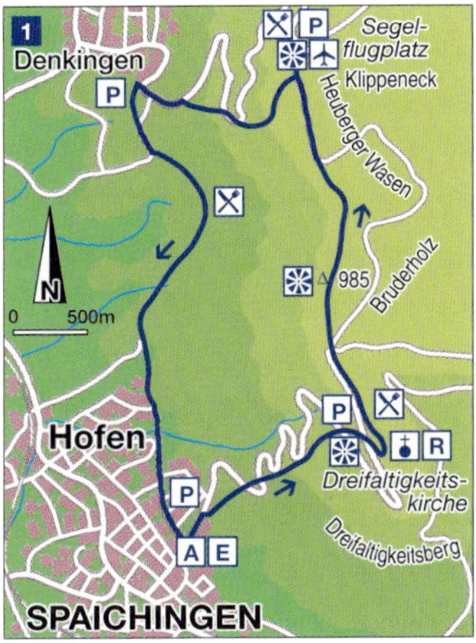


stammt. Der 320 m nördlich der Kirche gelegene Außenwall dagegen kam wohl erst im Mittelalter dazu.

Bereits die Kelten dürften auf dem Dreifaltigkeitsberg neben der Fluchtburg auch eine Kultstätte gehabt haben. Daraus wurde im Hochmittelalter eine Kapelle als Vorläuferin der 1415 geweihten **Wallfahrtskirche zur Hl. Dreifaltigkeit**. 1461 wurde zu ihrer Pflege eine Bruderschaft zur Heiligsten Dreifaltigkeit gegründet. Die erste Kirche wurde 1592 vergrößert, 1666 wurde ein kompletter Neubau begonnen, der 1673 geweiht werden konnte. Auch diese Kirche wurde bald zu klein und erhielt deshalb bis 1767 eine neue Vierung und einen neuen Chor. Heute präsentiert sich die Kirche als überkuppelter Zentralbau.

Im Innern der Wallfahrtskirche ist vor allem der Altar interessant. Er zeigt eine barocke Darstellung der Dreifaltigkeit, der Altaraufbau folgt einem Entwurf von Joseph Anton Feichtmayr. Ausgeführt wurde er vom Wessobrunner Franz Schmuzer. Die Seitenaltäre zeigen rechts eine Immaculata von 1764 und links eine hl. Ursula von 1765.

Für den Weiterweg folgen wir dem Albtrauf nach Norden, vorbei an einem Drachenflieger-Absprungplatz und der europäischen Wasserscheide. Nun wechselt die Markierung vom roten Balken zum roten Dreieck, der Weg selbst aber bleibt dem Albtrauf treu. Im Landschaftsschutzgebiet Heuberger Wasen zweigt der mit blauem Dreieck markierte Steig links ab und führt direkt nach Denkingen hinunter. Ihm sollte man jedoch nicht folgen, möchte man das **Klippeneck** nicht versäumen. Deshalb bleibt man der roten Markierung und dem Albtrauf treu, bis man kurz darauf die vorderste Nase des Klippenecks erreicht. Hier ist es an schönen Tagen zweifellos nicht gerade ruhig, doch ist dies bei der Schönheit des Platzes nicht wei-

**Der Dreifaltigkeitsberg oberhalb von Spaichingen ist ein weit gegen den Schwarzwald vorgeschobenes Hochplateau, das schon die Siedler der Steinzeit als Fluchtburg genutzt hatten.**

ter verwunderlich. Andererseits bietet der Segelflugplatz auch die Möglichkeit, die vom Klippeneck ohnehin gute Aussichtsposition um noch einige 100 m in die Höhe zu verlegen. Nachdem die Segelflieger meist freundliche Leute sind, kann man bei ihnen gegen eine geringe Gebühr eine Runde mitfliegen – und dies lohnt sich hier ganz besonders. Aus den knapp 1000 Höhenmetern des Klippenecks werden dann recht schnell 1400 oder 1500 Meter, von denen aus die Struktur von Hochfläche und Trauf der Alb richtig schön plastisch wird.

Vom Klippeneck wandern wir wenige Schritte nach Süden zurück, bis rechts ein bezeichneter Steig Richtung Denkingen in den Wald hinunterführt. Er trifft auf den mit blauem Dreieck markierten, vom Heuberger Wasen herunterkommenden

Wanderweg und leitet unmittelbar zum östlichen Ortsrand von Denkingen und zur Trasse der alten Heubergbahn. Diese führte einst von Spaichingen über den damals höchstgelegenen Bahnhof Württembergs in Gosheim nach Reichenbach. Gebaut wurde die aufwendige Stecke von 1912 bis 1928, schon 1966 aber wurde sie wieder stillgelegt. Heute ist die Trasse der ideale, mit blauem Dreiblock markierte Wanderweg entlang dem Hang zurück nach Spaichingen.

## Informationen zur Tour

### Ausgangsort

Spaichingen gab es nachweislich bereits 791. Im 13. Jh. gehörte es zur Grafschaft Hohenberg und fiel mit dieser 1381 an Habsburg. 1805 kam Spaichingen zu Württemberg und erhielt 1828 das Stadtrecht. Der Wanderparkplatz an der Heubergstraße liegt am östlichen Ortsrand.

### Anfahrt

Pkw: von Tuttlingen 14 km, von Schömberg 21 km.

### Einkehrmöglichkeiten

Gasthöfe in Spaichingen und Denkingen sowie auf dem Dreifaltigkeitsberg und dem Klippeneck.

### Unterkünfte

- Hotel Engel, Hauptstr. 104, 78549 Spaichingen, Tel. 0 74 24/42 73; Hotel Kreuz, Hauptstr. 113, 78549 Spaichingen, Tel. 0 74 24/59 55; Hotel Klippeneck, 78549 Spaichingen, Tel. 0 74 24/8 59 28.
- Camping: Jugendzeltplatz auf dem Klippeneck, Campingplatz am Stausee, 72352 Schömberg, Tel. 0 74 27/71 90.

### Information

Verkehrsamt, 78549 Spaichingen, Tel. 0 74 24/9 57 10.

### Karte

Topographische Karte 1: 50 000, Blatt 26, Naturpark Obere Donau.

**Vom Klippeneck aus starten die Segelflieger seit Jahrzehnten wie von einem Adlerhorst zur stillen Eroberung der Lüfte.**

# 2 Die höchsten schwäbischen Gipfel

**Tourenlänge**
7 km

**Durchschnittliche Gehzeit**
2 ½ Std.

**Steigung**
330 m

**Etappen**
WP Lemberg – WP Oberhohenberg 1 ½ Std. – WP Lemberg 1 Std.

**Tourencharakter**
Der Besuch der höchsten Berge der Schwäbischen Alb ist ein lohnendes »Muß«. Der Aussichtsturm auf dem Lemberg, die Wunderfichte und der große Spielplatz beim WP Deilingen machen die Tour auch für Kinder interessant.

**Interessantes am Weg**
Aussichtsturm auf dem Lemberg, Burgruine auf dem Oberhohenberg, Wunderfichte an der Hinterhalde.

**Wegmarkierung**
Vom WP Lemberg – WP Deilingen rotes Dreieck; Rückweg um den Oberhohenberg ohne Markierung; Rückweg um den Lemberg herum mit der roten Raute.

## Zu Lemberg und Oberhohenberg

Startpunkt ist der Wanderparkplatz Lemberg, 1 km nördlich von Gosheim am Fuß des Lemberges. Von hier aus braucht man lediglich dem roten Dreieck und dem nicht zu verfehlenden Steig zu folgen, um unmittelbar zum Gipfel des 1015 m hohen **Lemberges** hinaufzukommen. Er ist wie der nördliche und nur 4 m niedrigere Oberhohenberg ein Zeugenberg. Beide wurden durch die Erosion beinahe vollständig von der Albhochfläche abgetrennt. Die breiten Täler der Unteren Bära und des Deilinger Mühlbaches verraten, daß ihr Einzugsgebiet ursprünglich weiter nach Westen gereicht hatte. Es wurde ebenfalls durch die Erosion weggerissen. Den Gipfel des Lembergs ziert ein 33 m hoher, bereits 1899 errichteter, stählerner **Aussichtsturm**. Von seiner Plattform bietet sich eine prächtige Rundsicht über die Alb im Osten, den Schwarzwald im Westen und die Alpen im Süden.
Den Abstieg vom Lemberg nach Norden hinunter in den Lembergsattel weist die Markierung rotes Dreieck. Nächstes Ziel, immer derselben Markierung folgend, ist der 1009 m hohe Hochberg mit ebenfalls guter Aus-

sicht, hauptsächlich nach Westen in Richtung Rottweil. Nach einem weiteren Ab- beziehungsweise Aufstieg von knapp 40 m lockt als letztes Ziel der 1011 m hohe Oberhohenberg mit der Ruine der **Burg Hohenberg**.
In der 1170 belegten Burg hausten die 1179 nachgewiesenen Grafen von Hohenberg, ein Zweig der Hohenzollern. Einfluß und Bedeutung dieser Grafen läßt sich wohl am besten daran ablesen, daß im Jahre 1250 eine Tochter dieser Grafen den späteren deutschen König Rudolf von Habsburg heiratete. Noch Mitte des 14. Jh. gehörte den Hohenbergern ein umfangreiches Gebiet um Haigerloch und Ebingen. Sie gehörten damit zu den bedeutendsten Adelsfamilien auf der westlichen Alb. 1381 begann ihr Niedergang, als die Hohenberger ihre Burg an die Habsburger verkauften. 1449 schließlich wurde die Burg von der Reichsstadt Rottweil erobert und geschleift. Weil die Bauern der Umgebung die Ruine als willkommenen Steinbruch nutzten, lassen die Reste kaum noch Rückschlüsse auf die ursprüngliche Größe zu.
Auf der Nordseite geht es steil hinunter zum *Rast- und Spielplatz* beim Wanderparkplatz. Dort nimmt man den rechts horizontal in den Wald hineinführenden Holzweg. Er führt unmarkiert um die Ostseite des Oberhohenberges herum. Bei der zweiten Wegegabelung hält man sich links, geht bei einer Abzweigung geradeaus und folgt dann der nächsten nach links. Kurz darauf trifft man in einer Kehre auf einen breiteren Güterweg. Diesem folgen wir geradeaus und leicht ansteigend zum östlichen Rücken des Hochberges.
Auf der Südseite des Rückens geht es zügig bergab zu dem von Wehingen mit der Markierung roter Dreiblock herüberkommenden Wanderweg. Ihn quert man und trifft kurz darauf auf den mit roter Raute markierten, um den Lemberg östlich

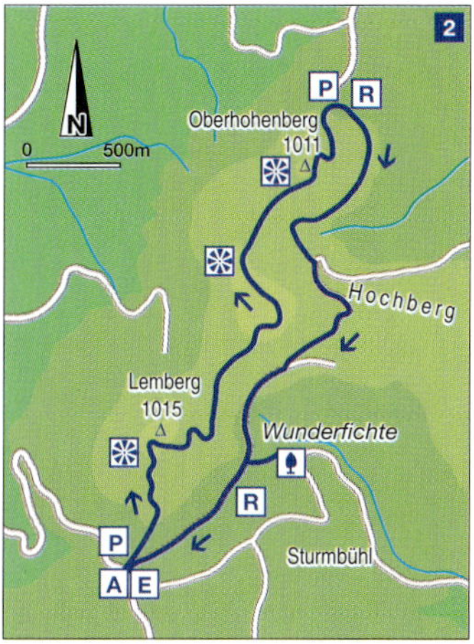

**Von Wehingen aus hat man einen guten Blick hinüber zu den Ostabbrüchen des Hochberges, einem Vorberg des Lemberges.**

herumführenden Wanderweg. Nach knapp 500 m führt links ein kurzer Abstecher zur Wunderfichte. Sie ist 34 Meter hoch, weit über 100 Jahre alt und hat einen Stammdurchmesser von gut 4 Metern. Von der Fichte gehen wir zurück zum Forstweg und auf diesem weiter zum Ausgangspunkt Wanderparkplatz Lemberg.

# Informationen zur Tour

## Ausgangsort

Der Wanderparkplatz Lemberg liegt 1 km nördlich von Gosheim an der Verbindungsstraße nach Wilflingen.

## Anfahrt

Pkw: von Tuttlingen aus 25 km, von Schömberg aus 15 km.

## Einkehrmöglichkeiten

Gasthöfe in Gosheim und Deilingen, auf der Tour selbst keine Einkehrmöglichkeit.

## Unterkünfte

- Gasthof Krone, Hauptstr. 5, 78559 Gosheim, Tel. 0 74 26/79 17; Hotel Sonne, Gosheimer Str. 2, 78564 Wehingen, Tel. 0 74 26/13 42; Hotel Keller, Bahnhofstr. 5, 78564 Wehingen, Tel. 0 74 26/9 47 80.
- Camping: Campingplatz am Stausee, 72352 Schömberg, Tel. 0 74 27/ 71 90.

## Information

Gemeindeverwaltung, 78559 Gosheim, Tel. 0 74 26/9 61 20.

## Karte

Topographische Karte 1: 50 000, BLatt 26, Naturpark Obere Donau.

# 3 Um die Balinger Berge

**Tourenlänge**
15 km

**Durchschnittliche Gehzeit**
4 1/2 Std.

**Steigung**
450 m

**Etappen**
WP Hausen am Tann – Lochenstein 1 3/4 Std. – Hörnle 1 Std. – Tieringen 3/4 Std. – WP Hausen am Tann 1 Std.

**Tourencharakter**
Die Rundwanderung über die drei Balinger Hausberge verlangt Ausdauer, bietet dafür aber auch von den erklommenen Gipfeln nicht zu übertreffende Aussichtspunkte.

**Interessantes am Wege**
Schafberg, Gespaltener Fels, Wenzelstein, Lochenstein, Hörnle, Naturschutzgebiet Hülenbuch mit »Holzwiesen«.

**Wegmarkierung**
Hausen – Schafberg rote Raute; Gespaltener Fels – Lochenstein – Hörnle rotes Dreieck; Hörnle – Tieringen – zurück zum WP Hausen am Tann rote Raute.

## Zu Schafberg, Lochenstein und Hörnle

Ausgangspunkt ist der WP Hausen am Tann im Westen des Dorfes. Der eigentliche Weg beginnt bei der Tanner Dorfkirche, von wo aus man auf dem Kirchweg bergauf wandert. Am Waldrand stößt man auf den Wegweiser Schafberg und die Markierung rote Raute. Ihr folgt man stetig bergauf, bis man unterhalb des Schafbergrückens wieder aus dem Wald herauskommt. Hier wendet sich der Weg nach links und folgt der Abbruchkante zum ersten, ganz freien Aussichtspunkt.

Die Westhänge unterhalb des 987 m hohen Schafberges sind völlig ungeschützt den rauhen Nord- und Nordwestwinden ausgesetzt – entsprechend hart hat hier die Vegetation zu kämpfen. Wiesen, Heideflächen, knorrige Kiefern und mutige Buchen kämpfen ebenso ums Überleben wie der hier sogar natürlich gewachsene Fichtenwald. Eingestreut sind immer wieder Schuttflächen und einzelne Felsen, die den Hang zusätzlich interessant machen.

Am Nordrand des Schafbergrückens lockt ein breiter Waldweg direkt nach rechts hinüber zum Lochenstein. Sehr viel interessanter allerdings ist es, ge-

**Die Südhänge des Lochensteins bestehen aus einer Mischung aus Felsköpfen, Wacholderbüschen und einzelnen Buchen. Die Trockenrasenflora birgt so manche botanische Kostbarkeit.**

radeaus der Markierung rotes Dreieck zu folgen und auf schmalem Steig zum Hohenfels hinauf zu klettern. Von ihm und dem bald darauf folgenden Gespaltenen Fels bietet sich bereits die ungehinderte Aussicht nach Norden. Der Gespaltene Fels hat seinen Namen von den vor dem eigentlichen Berg frei stehenden Felstürmen, die wie abgespaltene Scheiben aussehen. Vom genau 1000 m hohen Gespaltenen Fels steigem wir südwärts hinunter zur ehemaligen Burg Wenzelstein. Von ihrem mittelalterlichen Bau ist allerdings nichts mehr erhalten. Vom Wenzelstein führt ein breiter Forstweg hinüber in den Sattel vor dem Lochenstein. Nach einem kurzen Anstieg ist auch die Felskanzel dieses Gipfels mit ihrer überwältigenden Aussicht erreicht. Ähnlich wie vom Gespaltenen Fels aus hat man je nach Wetter das gesamte nördliche Albvorland oder, vor allem im Herbst, ein unendliches Nebelmeer unter sich.
Die steilen Felsflanken des Lochensteins waren ein Grund dafür, daß das Gipfelplateau bereits in der Jüngeren Steinzeit, also vor 4000 bis 5000 Jahren, als Fluchtburg diente. In der Bronzezeit, also zwischen 1000 und 750 v. Chr., gab es hier eine erste Höhensiedlung, und in keltischer Zeit, so um 600 v. Chr., befand sich auf dem Gipfelplateau ein ganzes Dorf, das für gut 300 Jahre ohne Unterbrechung bewohnt war. Auch die Römer und später die Alemannen nutzten den Lochenstein jeweils auf ihre Art. Sichtbare Spuren davon sind allerdings nicht erhalten. Vom Lochenstein wandert man

nun nach Osten hinunter zum 888 m hohen Lochenpaß, quert die Autostraße Balingen – Tieringen und folgt dann dem Albtrauf und der Markierung rotes Dreieck hinüber zum längst sichtbaren, 956 m hohen Hörnle. Von hier bietet sich noch einmal der uneingeschränkte Blick hinunter ins »Unterland«.
Vom Hörnle folgt man dem mit rotem Dreieck markierten Albtrauf-Weg nach Süden bis zum Torbühl. Dabei quert man das Naturschutzgebiet Hülenbuchwiesen, eine der ganz wenigen »Holzwiesen« der Albhochfläche. Sie waren ursprünglich als Weideland genutzt, die Einzelgehölze wurden von Zeit zu Zeit ausgeschnitten. Dadurch entstand eine parkähnliche Landschaft mit Trockenrasenflora. Nachdem die landwirtschaftliche Nutzung aufgegeben worden war, drohten die Weide-

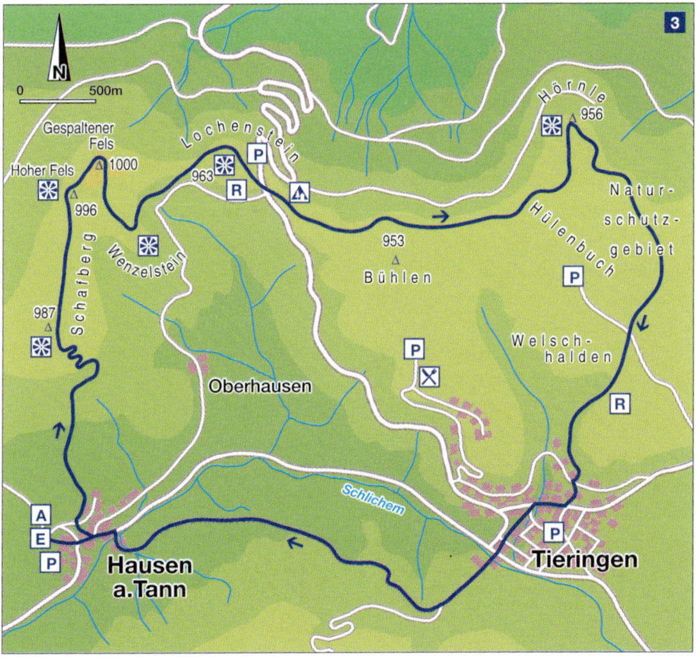

**Blick vom 956 m hohen Hörnle über das Untertal.**

flächen mit Wald zuzuwachsen. Deshalb kaufte der Schwäbische Heimatbund ab 1938 die Weiden und sorgt seither dafür, daß die Wiesen einmal pro Jahr geschnitten und die Gehölze regelmäßig ausgedünnt werden. So ist es gelungen, den über Jahrhunderte gewachsenen Zustand zu erhalten.
Beim Torbühl beginnt der mit roter Raute markierte, direkt nach Tieringen hinunterführende Weg. Ihm folgen wir durch Tieringen hindurch, um über die alte Verbindungsstraße nach Hausen am Tann zurückzuwandern.

# Informationen zur Tour

## Ausgangsort

Hausen am Tann liegt am Südfuß des Schafberges, der Wanderparkplatz am Westrand des Dorfes.

## Anfahrt

Pkw: von Schömberg 8 km, von Balingen 16 km.

## Einkehrmöglichkeiten

Gasthöfe in Hausen am Tann.

## Unterkünfte

• Hotel Schwanen, Hauptstr. 11, 72469 Meßstetten, Tel. 0 74 31/ 9 49 40; Hotel Hamann, Neue Str. 11, 72336 Balingen, Tel. 0 74 33/ 95 00; Hotel Stadt Balingen, Hirschbergstr. 48, 72336 Balingen, Tel. 0 74 33/80 21.
• Camping: Campingplatz am Stausee, 72352 Schömberg, Tel. 0 74 27/71 90.
• JH am Lochenpaß und in Tieringen.

## Information

Stadtverwaltung, 72336 Balingen, Tel. 0 74 33/17 02 61.

## Karte

Topographische Karte 1: 50 000, Blatt 26, Naturpark Obere Donau.

# 4 Romanik am Albtrauf

**Tourenlänge**
10 km

**Durchschnittliche Gehzeit**
3 Std.

**Steigung**
200 m

**Etappen**
WP Laufen – Ruine Schalksburg 1 Std. – Böllat ½ Std. – Felsenmeer 1 Std. – WP Laufen ½ Std.

**Tourencharakter**
Eine relativ kurze Wanderung über den Albtrauf im Osten von Balingen.

**Interessantes am Weg**
Ruine Schalksburg, Böllat, Fresken in der Kirche von Burgfelden, Felsenmeer.

**Wegmarkierung**
WP Laufen – Ruine Schalksburg – Böllat rotes Dreieck; Böllat – Burgfelden rotes Dreieck; Burgfelden – Felsenmeer – zurück zum WP Laufen rote Raute.

## Über die Schalksburg zum Böllat

Startpunkt ist der Wanderparkplatz im Tal des Etschbaches im Norden von Laufen. Von hier folgt man der Markierung rotes Dreieck und der Forststraße bergauf. In weitem Bogen quert man dabei die Hänge unterhalb des Steinberges, bis man auf eine weitere Forststraße trifft. Hinter ihr beginnt der etwas steile Steig, der zum schmalen Rücken zwischen dem Steinberg und der Ruine Schalksburg hinaufführt.

Den ausgesetzten Bergsporn zierte im 12. Jh. die **Schalksburg**. Sie war im Mittelalter eine Zwingburg der Grafen von Zollern, die von hier aus den Verkehr im Eyachtal kontrollierten. Im Jahre 1403 kam die Burg an Württemberg, doch scheint ihr das nicht bekommen zu sein. Nur 100 Jahre später hatte Württemberg die Burg bereits dem Verfall überlassen, und die Bauern der Umgebung nutzten sie als Steinbruch. Lediglich der romanische Bergfried wurde 1960 gesichert und teilweise restauriert. Er dient heute als Aussichtsturm.

Von der Ruine Schalksburg aus folgt man dem Albtrauf nach Norden, quert Burgfelden und erreicht nach wenigen Minuten den 921 m hohen **Böllat**. Er ist ein für seine besonders schöne Aussicht berühmter Felsen, von dem aus man weit ins Unterland hinaussieht.

Zurück in **Burgfelden** darf ein Besuch der **Michaelskirche** nicht

fehlen. Sie zählt zu den ältesten Gotteshäusern auf der Schwäbischen Alb und liegt mitten in einem alemannischen Gräberfeld. Hier gab es bereits im 6. Jh. eine Kirche einer alemannischen Siedlung. In der Kirchenapsis fand sich ein Doppelgrab und darin ein Goldblattkreuz aus dem 6.Jh.
Die ältesten Teile der heutigen Kirche wurden aber auch schon zur Zeit Karls d. Gr. um 800 gemauert. Die heutige Kirche, mit ihrem schönen Quadermauerwerk und ihrem quadratischen Ostturm, wurde im 11. Jh. er-

**Von der Schalksburg, einer Zwingburg der Grafen von Zollern, blieb der alte Bergfried als Aussichtsturm erhalten.**

richtet. Aus dieser Zeit stammen die bis 1893 aufgedeckten Fresken. Sie zeigen an der Ostwand die Darstellung eines Jüngsten Gerichts im Rahmen eines feinen Ornamentbandes. Die Nord- und Südwände waren ursprünglich wohl ganz bemalt. Zu sehen sind noch an der Nordwand das Gleichnis vom barmherzigen Samariter und an der Südwand das vom armen Lazarus. An der Südwand sind außerdem noch Reste von Martyriumsszenen zu erkennen. Stilistisch gibt es Anklänge an die Fresken der Reichenauer St.-Georgs-Kirche, die damals immerhin zu den bedeutendsten Kirchen im süddeutschen Raum gehörte. Burgfelden verläßt man der Markierung rote Raute folgend

südwärts und erreicht den Albtrauf an der Oberkante des Steinberges. Unterhalb des Heersberges zweigt dann nach rechts der ebenfalls mit roter Raute gekennzeichnete Steig zum Felsenmeer ab. Es entstand durch einen Bergsturz und präsentiert sich als wildes Durcheinander großer Felsblöcke.
Die rote Raute führt uns im Anschluß daran zuverlässig zurück zum Ausgangspunkt beim WP Laufen.

Der 921 m hohe Böllat ist ein für seine besonders schöne Aussicht berühmter Felsen, von dem aus man weit ins Unterland hinaussieht.

## Informationen zur Tour

### Ausgangsort
Der WP Laufen liegt am Nordrand des Ortes Laufen im Etschbachtal.

### Anfahrt
Pkw: von Balingen 10 km, von Albstadt Ebingen 5 km;
DB: von Balingen und Sigmaringen.

### Einkehrmöglichkeiten
Gasthöfe in Laufen und Burgfelden.

### Unterkünfte
- Hotel Am Schloßberg, Schloßbergstr. 101, 72458 Ebingen, Tel. 0 74 31/9 38 20; Hospiz am Markt, Marktstr. 15, 72458 Ebingen, Tel. 0 74 31/9 09 70. Hotel Löwen, Lautlinger Str. 103, 72458 Ebingen, Tel. 0 74 31/78 11.
- Camping: Campingplatz am Stausee, 72352 Schömberg, Tel. 0 74 27/71 90.

### Information
Stadtverwaltung, 72458 Albstadt, Tel. 0 74 31/1 60 12 04.

### Karte
Topographische Karte 1: 50 000, Blatt 17, Rottenburg/Balingen.

# 5 Schwäbische Stammesgeschichte

**Tourenlänge**
12 km

**Durchschnittliche Gehzeit**
4 Std.

**Steigung**
450 m

**Etappen**
WP am Zoller – Burg Hohenzollern 1/2 Std. – Zeller Horn 1 Std. – Raichberg 1 Std. – Zollersteighof 1/2 Std. – WP am Zoller 1 Std.

**Tourencharakter**
Die Höhenunterschiede sind zwar anstrengend, doch können die stolzeste Burg der Schwäbischen Alb und die – je nach Wetterlage – weit in die Ferne reichende Aussicht vom Raichberg jede Mühe reichlich entschädigen.

**Interessantes am Weg**
Burg Hohenzollern, Zeller Horn, Backofenfelsen, Raichberg.

**Wegmarkierung**
WP am Zoller – Burg Hohenzollern – Zeller Horn roter Balken; Backofenfelsen – Raichberg – Zollersteighof rotes Dreieck; Zollersteighof – WP am Zoller blaues Dreieck.

## Über die Burg Hohenzollern zum Raichberg

Ausgangspunkt ist der untere Parkplatz am Westfuß des Zollers. Die Markierung roter Balken schneidet die Schleifen der Fahrstraße ab und führt zügig hinauf zur **Burg Hohenzollern**, dieser einmaligen, neugotischen Mischung aus Wehranlage und Prachtbau. Die 1061 erstmals belegten Grafen von Zollern bauten hier im 11. Jh. ihre erste Burg.
Die heutige Burganlage ist bereits die dritte auf dem Stammberg der Hohenzollern. Sie entstand im Geist der Burgenromantik des 19. Jh., 1867 wurde sie von König Wilhelm I. von Preußen als neue Stammburg des Geschlechtes eingeweiht. Bis 1991 standen hier die Sarkophage Friedrichs des Großen und seines Vaters, Friedrich Wilhelm I. (heute wieder in Potsdam).
Auf der Burg geblieben sind die Kostbarkeiten aus dem preußischen Königshaus: die juwelenbesetzte Königskrone, der Marschallstab, wertvolles Porzellan und auch die Brillant-Tabakdose Friedrichs II. Zu den sehenswerten Schauräumen zählen eine dreischiffige Säulenhalle, die Stammbaumhalle, die Bibliothek sowie die Schatzkam-

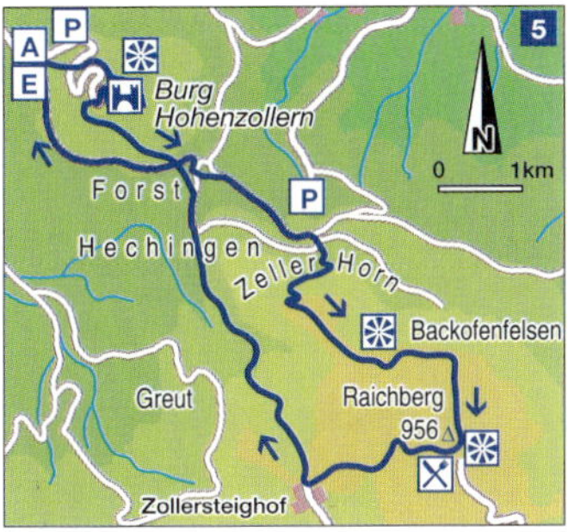


mer mit den preußischen Kleinodien.
Für den Abstieg nach Süden in den Sattel zwischen Zoller und Zeller Horn folgt man der Kennzeichnung roter Balken, die nach dem Sattel auch zum **Zeller Horn** hinaufführt. Von hier bietet sich der erste freie Blick nach Nordwesten zur Burg Hohenzollern und ihrem einmalig schönen Kegelberg.
Auch zum **Backofenfelsen** kommt man noch mit der Markierung roter Balken. Der Felsen kam zu seinem eigenartigen Namen, weil er wie ein großer Backofen geformt ist. Auch er bietet eine hervorragende Aussicht nach Norden ins Vorland der Schwäbischen Alb.
Hinter dem Backofenfelsen beginnt die Markierung rotes Dreieck, die hinauf zum schon längst sichtbaren **Raichberg** führt. Er bietet mit seinen 956 m und den zusätzlichen Höhenmetern des **Aussichtsturms** eine grandiose Rundsicht über die gesamte Westhälfte der Schwäbischen Alb und ihr nördliches Vorland. Bei klarem Wetter reicht der Blick bis zum Schwarzwald und bis zu den österreichischen und Schweizer Alpen.
Vorbei am Nägelehaus, einem Wanderheim des Schwäbischen Albvereins, führt die Markierung rotes Dreieck nach Westen, hin-

**Die Burg Hohenzollern stammt zwar aus dem 11. Jh., präsentiert sich heute aber als einzigartige, neugotische Mischung aus Wehranlage und Prachtbau.**

über zum Zollersteighof. Er war ein Zehenthof der Grafen von Zollern. Heute kann man hier in angenehmer und nicht zu überlaufener Umgebung Rast vor dem Rückmarsch zum Auto machen.
Vom Steighof aus wandert man entlang der Kennzeichnung blaues Dreieck nordwärts hinauf zum Sattel zwischen Zoller und Zeller Horn. Im Sattel folgen wir der Forststraße nach links, die im großen Bogen westwärts um den Zoller herum zurück zum unteren Parkplatz führt.

**Vom Aussichtsturm auf dem 956 m hohen Raichberg bietet sich eine Rundsicht, die über die gesamte Westhälfte der Schwäbischen Alb und ihr nördliches Vorland reicht.**

# Informationen zur Tour

## Ausgangsort

Der untere Parkplatz am Westfuß des Zollers ist von der Ausfahrt Brielhof der B 27 erreichbar.

## Anfahrt

Pkw: von Hechingen 5 km, von Balingen 15 km.

## Einkehrmöglichkeiten

Burg Hohenzollern, Nägelehaus, Zollersteighof.

## Öffnungszeiten

Die Burg Hohenzollern ist von April bis Oktober täglich geöffnet von 9 – 17.30 Uhr, von November bis März täglich von 9 – 16.30 Uhr.

## Unterkünfte

• Hotel Adler, Thanheimer Str. 39, 72461 Onstmettingen, Tel. 0 74 32/ 2 50 61; Hotel Brielhof, an der B27, 72379 Hechingen, Tel. 0 74 71/40 97; Hotel Lamm, Römerstr. 29, 72379 Hechingen, Tel. 0 74 71/92 50.
• Camping: Campingplatz am Stausee, 72352 Schömberg, Tel. 0 74 27/7190.

## Information

Städt. Verkehrsamt, 72379 Hechingen, Tel. 0 74 71/18 51 14.

## Karte

Topographische Karte 1: 50 000, Blatt 17, Rottenburg/Balingen.

# 6 Schwäbisches Dreiländereck

**Tourenlänge**
15 km

**Durchschnittliche Gehzeit**
4 Std.

**Steigung**
100 m
Ausgangsort: WP Kornbühl

**Etappen**
WP Kornbühl – Kornbühl – WP Kornbühl ½ Std. – Birklesberg 1 Std. – Dreifürstenstein 1 Std. – WP Kornbühl 1 ½ Std.

**Tourencharakter**
Die Wanderung über das Ringinger und Salmendinger Heufeld ist nahezu eben, lediglich der Kornbühl verlangt knapp 100 m Anstieg. Der Wanderweg verbindet die Schönheiten der Kuppenalb mit denen des Albtraufes.

**Interessantes am Weg**
Kornbühl mit Salmendinger Kapelle , Schild, Dreifürstenstein.

**Wegmarkierung**
WP Kornbühl – Birklesberg roter Dreiblock; Birklesberg – Dreifürstenstein rotes Dreieck; Dreifürstenstein – Abzweigung Hirschkopf rotes Dreieck; Abzweigung Hirschkopf – WP Kornbühl roter Dreiblock.

## Kornbühl und Dreifürstenstein

Ausgangspunkt ist der Parkplatz am Ostfuß des Kornbühls an der Verbindungsstraße zwischen Salmendingen und Ringingen. Direkt am Parkplatz beginnt der Weg auf den Kornbühl. Er ist ein frei stehender, wie künstlich aufgesetzt wirkender Kegelberg, der die Albhochfläche um knapp 100 Höhenmeter überragt. Auf den ersten Blick könnte man vermuten, daß es sich um einen Vulkankegel handeln müsse. In Wirklichkeit ist dieser Kegel ein besonders schönes Beispiel für eine Kuppe auf der Albhochfläche. Ebenso wie die südlich gelegenen Bühlberge handelt es sich um *Schwammriffe*, die im ehemaligen Jurameer gewachsen waren. Sie sind härter als der nur aus Sedimenten entstandene Schichtkalk und leisteten der Erosion stärkeren Widerstand. Die Gipfel der Kuppen verraten demnach die Lage der ursprünglichen Oberkante des Schichtkalkes.
Den Gipfel des Kornbühls krönt die weithin sichtbare Wallfahrtskapelle St. Anna, die auch *Salmendinger Kapelle* genannt wird. Sie ist seit dem späten Mittelalter ein beliebtes Pilgerziel, zu dem die Gläubigen auch aus der weiteren Umgebung zu Fuß pilgern. Der Anstiegsweg ist

deshalb auch mit Bildstöcken eines Kalvarienberges ausgestattet. Die Wallfahrtskapelle selbst stammt aus dem 16. Jh. Die Aussicht vom Kornbühl sucht in weitem Umkreis ihresgleichen. Sie übertrifft vor allem die von den Zeugenbergen oder vom Albtrauf dadurch, daß man sich rund 100 Höhenmeter über der Hochfläche befindet.
Auch in ökologischer Hinsicht ist der Kornbühl eine Rarität. Wegen seiner Steilheit konnte er nie richtig landwirtschaftlich genutzt werden, und wegen seiner kreisrunden Form bieten seine Hänge unterschiedlichste klimatische Bedingungen. Damit ist der Kegel für eine überraschend große Zahl seltener Tier- und Pflanzenarten ein Refugium. Immerhin finden sich an seinen Hängen nicht weniger als 199 Pflanzen- und 341 Tierarten. Vom Trockenrasen über die Wacholderheide bis zu Waldinseln gibt es hier die unterschiedlichsten Lebensräume, die zudem noch je nach Himmelsrichtung unterschiedlichsten Witterungsbedingungen gehorchen. Seit 1983 steht deshalb der gesamte Kornbühl unter *Naturschutz*, das Verlassen des Weges ist daher nicht erlaubt.

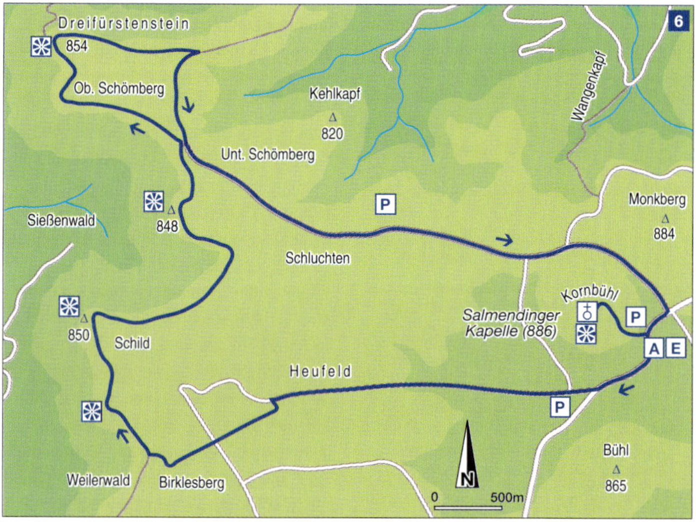

**Den Kornbühl bei Salmendingen ziert eine Wallfahrtskapelle aus dem 16. Jh. Die Hänge des Kegelberges sind Refugium einer überaus reichen Tier- und Pflanzenwelt.**

Vom Wanderparkplatz Kornbühl folgen wir dem mit rotem Dreiblock markierten Weg westwärts, quer über das wie eine große Schokoladentafel ausgebreitete Heufeld hinüber zum Albtrauf hoch über dem Killertal. Die Abbruchkante erreicht man beim Birklesberg oberhalb von Schlatt. Nun wendet man sich nach rechts und folgt dem Albtraufweg und der roten Markierung nach Norden bis hinaus zum äußersten Punkt, dem 854 Meter hohen Dreifürstenstein. Der Felsen mit einer prächtigen Aussicht nach Norden und Westen erhielt seinen Namen von den hier aneinanderstoßenden Fürstentümern Württemberg, Hohenzollern und Fürstenberg. Ihre Wappen fin-

den sich am Sockel der Orientierungstafel. Auch der alte Grenzstein mit Wappenspuren ist noch vorhanden.
Vom Dreifürstenstein folgen wir dem Albtrauf weiter nach Osten bis zur Abzweigung zum Hirschkopf. Hier wendet man sich südwärts und folgt der Markierung roter Dreiblock über das Salmendinger Heufeld zurück zum WP Kornbühl.

**Burg Ringelstein bei Ringingen war das Nest eines üblen Raubritters, der seine Frau an den Haaren ans Fensterkreuz zu hängen pflegte.**

# Informationen zur Tour

## Ausgangsort

Der WP Kornbühl liegt an der Verbindungsstraße zwischen Salmendingen und Ringingen und im Tal zwischen zwei besonders schönen Kuppen der Kuppenalb.

## Anfahrt

Pkw: von Hechingen 16 km, von Reutlingen 22 km.

## Einkehrmöglichkeiten

Gasthäuser in Salmendingen, auf der eigentlichen Tour keine Einkehrmöglichkeit.

## Unterkünfte

Hotel Wiesental, 72393 Gauselfingen, Tel. 0 74 75/75 35; Hotel Brauhaus, 72116 Mössingen, Tel. 0 74 73/ 60 23; Hotel Grüne Aue, 72116 Mössingen, Tel. 0 74 73/86 43.

- Camping: Azur Camping, 72820 Erpfingen, Tel. 0 71 28/4 66.

## Information

Verkehrsbüro, 72116 Mössingen, Tel. 0 74 73/40 64.

## Karte

Topographische Karte 1: 50 000, Blatt 17, Rottenburg/Balingen.

# 7 Auf den Spuren von Wilhelm Hauff

**Tourenlänge**
15 km

**Durchschnittliche Gehzeit**
4 ½ Std.

**Steigung**
350 m

**Etappen**
Lichtenstein Kirche – Nebelhöhle 1 ¼ Std. – Schloß Lichtenstein 1 ¼ Std. – Rötelstein 1 Std. – Lichtenstein 1 Std.

**Tourencharakter**
Die Umrundung des obersten Echaztales verlangt zwar 350 m Anstieg, läßt diese Mühe aber wegen der Schönheiten am Weg leicht vergessen. Die faszinierende Nebelhöhle und die umfangreiche Waffensammlung in der Burg Lichtenstein begeistern auch und gerade Kinder.

**Interessantes am Wege**
Nebelhöhle, Gießstein, Schloß Lichtenstein, Locherstein, Rötelstein, Burgstein.

**Wegmarkierung**
Lichtenstein – Nebelhöhle blaues Dreieck; Nebelhöhle – Biegel rotes Dreieck; Biegel – Lichtenstein blaues Dreieck.

## Schloß Lichtenstein und die Nebelhöhle

Die Kirche in der Ortschaft Lichtenstein im Echaztal bildet hier unseren Ausgangspunkt. Von ihr aus folgen wir dem Tal des Reißenbaches und der Markierung blaues Dreieck talaufwärts bis zur **Nebelhöhle**. Sie gehört zu den schönsten und bekanntesten Schauhöhlen der Schwäbischen Alb. Ein Teil von ihr war nachweislich bereits im Jahre 1486 bekannt. Ihren Namen erhielt sie von den bei bestimmten Wetterlagen aus ihrem Tor aufsteigenden Nebelschwaden. Schon 1803 wurde sie als kerzenbeleuchtete Schauhöhle für Kurfürst Friedrich von Württemberg hergerichtet. Kurz darauf durfte auch das allgemeine Publikum die Höhle und ihre Schönheiten bestaunen. 1920 wurde dann die »neue« Nebelhöhle als Verlängerung der bekannten Höhle entdeckt.
Die insgesamt 450 m lange Höhle entstand vor gut einer Million Jahren als »Schichtfugenhöhle« durch einsickerndes Niederschlagswasser. Weil der Wasserspiegel stetig sank, fiel die Höhle früh trocken, was zur Ausbildung besonders schöner Tropfsteinformationen führte. Berühmt wurde die Höhle auch als Schauplatz des 1826 erschiene-

**Das Schlößchen Lichtenstein geht auf eine alte Burg zurück. Der heutige, neugotische Bau stammt aus dem letzten Jahrhundert.**

nen Romans »*Lichtenstein*« von Wilhelm Hauff. Im Roman dient die Höhle dem vertriebenen Herzog Ulrich von Württemberg als Versteck.
Von der Nebelhöhle aus folgt man dem mit rotem Dreieck markierten Hauptwanderweg dem Albtrauf entlang nach Osten und kommt am *Goldloch* vorbei zum ausgesetzten, 789 m hohen Gießstein unmittelbar oberhalb der Ortschaft Lichtenstein. Von hier hat man eine gute Aussicht durch das Echaztal hinaus auf Reutlingen.
Auch der weitere Weg folgt wieder dem Albtrauf, diesmal nach Süden, bis zum romantischen Schlößchen Lichtenstein. Es entstand im »edelsten Stil des Mittelalters« im Auftrag von Graf Wilhelm von Württemberg in den Jahren 1840 – 42. Zum

Bau angeregt hatte den Herzog wiederum Hauffs Roman »*Lichtenstein*«. Heute befinden sich im Schlößchen eine sehenswerte Waffensammlung sowie Gemälde aus dem 15. und 16. Jh.
Vom Schloß folgt man weiter der Markierung rotes Dreieck und erreicht nach wenigen Minuten das Hauff-Denkmal, die Geologische Pyramide und die Ruine der alten Burg Lichtenstein. Am unteren Parkplatz (an der Landstraße) wendet man sich links, quert den Nordhang des *Tobelkapfs* und erreicht kurz darauf den ehemaligen Bahnhof Lichtenstein.
Der weitere Weg führt nun dem rechten Rand des Echaztales entlang, quert den *Traifelberg* und den *Locherstein* und erreicht beim Rötelstein den nächsten Aussichtspunkt mit besonders schönem Tiefblick auf *Honau*. Beim *Biegel* schwenkt der Hauptwanderweg nach rechts Richtung Holzelfingen; ihm folgt man jedoch nicht, sondern geht geradeaus weiter der Hangkante und der Markierung blaues Dreieck entlang bis zum Burgstein. Hier kann man ein letztes Mal die Aussicht genießen, bevor man zurück ins Tal nach Lichtenstein hinuntersteigt.

**Die wunderschönen Tropfsteine sind ein Beispiel aus der Bärenhöhle bei Erpfingen. Ähnliches findet sich in der Nebelhöhle.**

# Informationen zur Tour

## Ausgangsort

Lichtenstein liegt an der Mündung des Reißenbaches in die Echaz, unter den steilen Hängen von Gießstein und Burgstein.

## Anfahrt

Pkw: von Reutlingen 11 km, von Gammertingen 27 km.

## Einkehrmöglichkeiten

Gaststätten in Lichtenstein, bei der Nebelhöhle und in Holzelfingen.

## Öffnungszeiten

Schloß Lichtenstein ist von April bis Oktober täglich von 9 – 12 und von 13 – 17.30 Uhr geöffnet; November, Februar und März samstags, sonntags und feiertags von 9 – 12 und 13 – 17 Uhr.

## Unterkünfte

Hotel Adler, Heerstr. 26, 72805 Lichtenstein, Tel. 0 71 29/40 41; Hotel Rößle, 72805 Lichtenstein, Tel. 0 71 29/9 29 70; Hotel Engstinger Hof, 72829 Großengstingen, Tel. 0 71 29/9 38 90.

- Camping: Azur Camping, 72820 Erpfingen, Tel. 0 71 28/4 66.

## Information

Gemeindeverwaltung, 72805 Lichtenstein, Tel. 0 71 29/69 60.

## Karte

Topographische Karte 1: 50 000, Blatt 17, Rottenburg/Balingen.

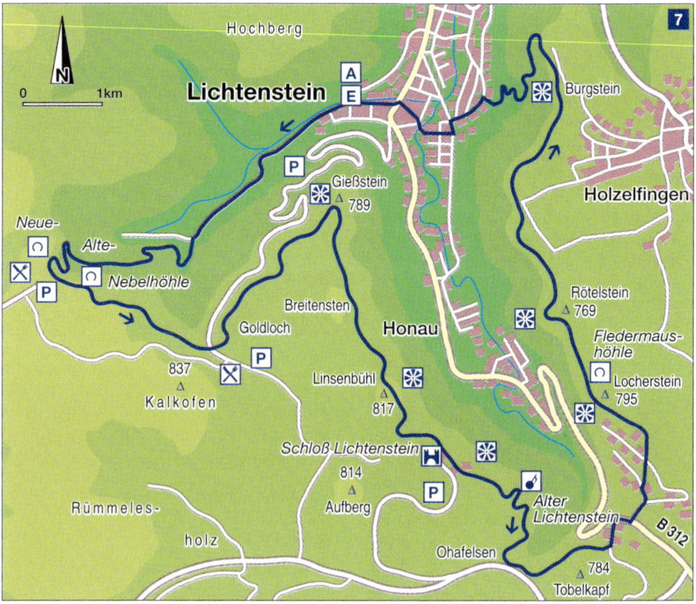

# 8 Beuroner Naturtheater

**Tourenlänge**
16 km

**Durchschnittliche Gehzeit**
4 1/2 Std.

**Steigung**
200 m

**Etappen**
WP Beuron – Knopfmacherfels 1 Std. – Laibfelsen 1 Std. – Jägerhaus 1 3/4 Std. – Beuron 3/4 Std.

**Tourencharakter**
Die schönste Wanderung im oberen Donautal führt vom berühmten Kloster zu alten Burgen und prächtigen Felsen. An- und Abstieg sind moderat.

**Interessantes am Weg**
Knopfmacherfels, Burgstall, Mattheisenkapelle, Laibfelsen, Ruine Kallenberg, Schloß Bronnen, Erzabtei Beuron.

**Wegmarkierung**
WP Beuron – Knopfmacherfels roter Dreiblock; Knopfmacherfels – Burgstall rote Raute; Burgstall – Donaubrücke roter Dreiblock; Donaubrücke – Beuron rotes Dreieck.

## Zu den schönsten Felsen des oberen Donautals

Startpunkt ist der Wanderparkplatz am Nordwestrand von Beuron. Über die gedeckte, 1803 errichtete Holzbrücke quert man die Donau und folgt dann dem Wegweiser Knopfmacherfels und der Markierung roter Dreiblock nach links an der Donau entlang flußaufwärts. Nach etwa 1 km verläßt der Weg den Talboden und steigt stetig den Hang entlang hinauf zum **Knopfmacherfels**. Er ist ein berühmtes Aussichtsnest, von dem aus der Blick weit über das Donautal Richtung Beuron und hinunter zum Schloß Bronnen schweift. Beim Gasthof *Berghaus* beginnt der mit roter Raute bezeichnete Weg zum **Stiegelesfels**. Er thront mitten über dem romantischen, verkehrsfreien Engtal der oberen Donau. Die nach Süden exponierten Hänge unterhalb des Felsens tragen eine artenreiche Trockenrasenflora.
Dem roten Dreiblock nach rechts folgend, erreichen wir an der nächsten Nase des Kirchberges den **Laibfelsen**. Er ist noch einmal ein exponierter Aussichtspunkt am westlichen Rand des Donauengtales. Vom Laibfelsen wandert man zunächst nordwärts bis zur Gabelung des Wanderwegs. Geradeaus würde das rote Dreieck direkt nach Fridingen hineinführen. Der rote Dreiblock zweigt dagegen nach links ab und führt unmittelbar hinunter zur Donau, die man bei der Ziegelhütte erreicht.
Auf der Ostseite der Brücke folgt

man der Markierung rotes Dreieck, die im weiteren Verlauf im wesentlichen dem rechten Ufer der Donau folgt. Nach einer Viertelstunde kann man beim Umlaufberg Schänzele nach rechts zur **Ruine Kallenberg** hinaufsteigen. Sie hat noch Buckelquader aus dem 13. Jh. und war bis ins 15. Jh. hinein das Machtzentrum der Grafen von Kallenberg. Danach regierten hier die Truchsesse von Waldburg, bis im Jahre 1722 die Herren von Ulm die Burg übernahmen. Heute künden von der stolzen Geschichte nur noch bröckelnde Mauern auf senkrechtem Fels. Besonders malerisch wird das Tal beim **Jägerhaus** und dem darüber thronenden **Schloß Bronnen**. In der heutigen Gestalt entstand das Schlößchen um 1750. In der nahe gelegenen *Jägerhaushöhle* wurden die bisher umfassendsten Funde aus der Mittelsteinzeit geborgen. Werkzeuge und Geräte beweisen hier, daß das Donautal schon zu dieser Zeit ein beliebtes Ziel der Jäger war. Das Jägerhaus selbst war das Standquartier des Jagdaufsehers der Fürsten von Zollern. In **Beuron** schließlich darf ein Besuch der eindrucksvollen *Erzabtei* nicht fehlen. Sie wurde 1075 als Augustiner Chorherrenstift gegründet und nach der Säkularisation 1862 von Benediktinern neu belebt. Die Klosterkirche erhielt ihre heutige Form im Vorarlberger Schema bis 1738 nach Plänen des Rottweiler Baumeisters Scharf. Ihre Deckenfresken sind ein Werk von Ignaz Joseph Wegscheider, den Stuck schufen Johannes Schütz und Pontian Gigl. Die Altäre fertigten Johann Anton Feichtmayr und Georg Dirr. In der Gnadenkapelle wartet eine Pietà aus dem 15. Jh. auf Besucher. Die Ausmalung ist ein Werk der Beuroner Kunstschule. Die Klosterbibliothek ist berühmt für ihre umfangreiche Bibelsammlung.

**Beim Jägerhaus und dem darüber thronenden Schloß Bronnen ist das hier vom Verkehr nicht berührte Donautal besonders romantisch.**

# Informationen zur Tour

## Ausgangsort

Beuron liegt im Zentrum des oberen Donautals und ist Haltestelle der Donautal-Bahn. Von hier aus kann man auch per Bahn die Schönheiten des oberen Donautals erleben.

## Anfahrt

Pkw: von Sigmaringen 30 km, von Tuttlingen 22 km; DB: von Sigmaringen und Tuttlingen.

## Einkehrmöglichkeiten

Gasthöfe in Beuron, Gasthof Berghaus beim Knopfmacherfels und Gasthaus Jägerhaus.

## Unterkünfte

Hotel Pelikan, Abteistr. 12, 88631 Beuron, Tel. 0 74 66/4 06; Berghaus Knopfmacher, 78567 Fridingen, Tel. 0 74 63/10 58.
• Camping: Camping »Wagenburg«, 88631 Beuron-Hausen, Tel. 0 75 79/ 5 59; Jugendzeltplatz im Donautal unterhalb vom Knopfmacherfels.

## Information

Verkehrsamt 88631 Beuron, Tel. 0 74 66/2 14.

## Karte

Topographische Karte 1: 50 000, Blatt 26, Naturpark Obere Donau.

# 9 Zu den Wilden von Wildenstein

**Tourenlänge**
15 km

**Durchschnittliche Gehzeit**
4 1/2 Std.

**Steigung**
350 m

**Etappen**
WP Hausen – Bischofsfelsen 3/4 Std. – Hohler Felsen 1/2 Std. – Bandfelsen 3/4 Std. – Burg Wildenstein 3/4 Std. – WP Hausen 1 3/4 Std.

**Tourencharakter**
Die Wanderung ermöglicht das Erlebnis der beiden schönsten Burgen im oberen Donautal: der Burg Werenwag und der Burg Wildenstein. Der Wildenstein ist ideal für Kinder, bietet er doch viel »Burg zum Anfassen«.

**Interessantes am Weg**
Bischofsfelsen, Hohler Felsen, Bandfelsen, Burg Wildenstein, Burg Werenwag als Fotomotiv.

**Wegmarkierung**
WP Hausen – Bischofsfelsen rote Raute; Bischofsfelsen – Burg Wildenstein roter Dreiblock; Burg Wildenstein – Donauhaus rotes Dreieck; Donauhaus – WP Hausen roter Dreiblock.

## Von Hausen zur schönsten Burg des oberen Donautals

Den Startpunkt bildet der Wanderparkplatz auf der Südseite der Straßenbrücke über die Donau bei Hausen. Hier folgt man der Markierung rote Raute, quert über einen betonierten Feldweg die Wiesen und folgt dann den Serpentinen durch den Mischwald. Erstes Ziel ist der 790 m hohe **Bischofsfelsen**, von dem aus man unmittelbar hinüber zur Burg Werenwag sieht. Die **Burg Werenwag** bestand schon um 1100. Auf ihr hauste um 1260 der Dichter und Sänger Hugo von Werenwag, von dem sechs Lieder in der Manessischen Handschrift, der größten Sammelhandschrift mittelhochdeutscher Minnedichtung, enthalten sind. Entstanden sind diese Lieder zwischen 1300 und 1340. Heute gehört die Burg den Fürsten von Fürstenberg und ist leider nicht zugänglich. Wenig südlich vom Bischofsfelsen nimmt man den nach rechts abzweigenden und mit rotem Dreiblock markierten Weg zum **Hohlen Felsen**. Er bietet mit seinen 770 m Höhe noch einmal einen besonders schönen Blick auf die Burg Werenwag. Auch der weitere Weg zum 818 m hohen Bandfelsen ist durch die Markierung mit dem roten Dreiblock nicht zu verfehlen. Der **Bandfelsen** selbst ist eine breite Felswand, über die man nach Westen bis zur vordersten Spitze turnen kann. Von hier aus hat

man einen prächtigen Blick hinüber zur Burg Wildenstein, aber auch hinunter ins Donautal auf den von der *St. Mauruskapelle* verzierten Umlaufberg. Vom Bandfelsen geht man zurück auf den Wanderweg und folgt ihm hinunter zu einer kleinen Einsattelung, von der es dann gerade noch 60 Höhenmeter hinauf zur **Burg Wildenstein** sind. Sie ist das Juwel aller Burgen an der schwäbischen Donau und hat als einzige alle Wirren der Zeit unbeschadet überstanden.
Von der Bergseite her ist der Wildenstein mit Vorwerk und doppeltem Burggraben geschützt, von der Talseite wachsen die mächtigen Mauern übergangslos aus senkrechtem Fels. Meterdicke Mauern bilden einen imposanten Wehrgang, eine Exerzierhalle mit ihrer für den Notfall abwerfbaren Decke fehlt ebensowenig wie die abgrundtiefen, nachtschwarzen Burgverliese. Idyllisch ist das Burggärtlein mit dem Ziehbrunnen und seinem Schacht bis zum Donaugrundwasser hinunter.
Auf Wildenstein herrschten die Grafen von Zimmern. Hier überlebte der ob seiner Trinkfestigkeit legendäre Graf Gottfried die Pest von 1518 sowie die Bauernkriege. Hier schuf um 1336 der Meister von Meßkirch für die

**Die bis zu 150 m hohen, häufig senkrechten Felswände des oberen Donautals sind beliebte Ziele der Kletterer. An schönen Wochenenden sind die Wände voll von den bunten Seilartisten.**

Burgkapelle den berühmten Wildensteiner Altar, und hier verfaßte zwischen 1564 und 1566 Graf Froben Christoph mit seinem Sekretär die Familiengeschichte der Grafen von Zimmern, die wegen ihrer deftigen Sprache ein schwäbisches Juwel besonderer Art ist. Heutige Hausherren auf der Burg sind die Fürsten von Fürstenberg, deren Bier der Gast in der Burgschenke unter den gut 400 Jahre alten Fresken der Herren von Zimmern genießen kann. Der herrliche Blick hinunter auf die Donau ist dabei eine kostenlose Zugabe.
Der Abstieg vom Wildenstein hinunter zum Donauhaus beginnt beim Wegweiser »Tobelweg Donausteg«. Der mit rotem Dreieck markierte Steig ist an-

**Burg Wildenstein ist die einzige aus dem Mittelalter original erhaltene Burg an der oberen Donau. Ihre mächtigen Mauern wachsen übergangslos aus senkrechtem Fels.**

fangs steil und führt teilweise über Stufen, dafür aber romantisch durch eine wilde Felsenszenerie. Das untere Teilstück ist dann eher moderat. Beim Donausteg wendet man sich rechts und folgt dem mit rotem Dreiblock markierten Talweg, immer dem rechten Ufer der Donau entlang zurück zum WP Hausen.

# Informationen zur Tour

### Ausgangsort

Hausen im Tal ist Haltestelle der Donautal-Bahn. Von hier aus kann man per Bahn die Schönheiten des oberen Donautales erleben.

### Anfahrt

Pkw: von Sigmaringen 21 km;
DB: von Sigmaringen und Tuttlingen.

### Einkehrmöglichkeiten

Gasthaus in Hausen, Burgschenke in der Burg Wildenstein.

### Unterkünfte

Hotel Pelikan, Abteistr. 12, 88631 Beuron, Tel. 0 74 66/4 06; Gasthof Zur Traube, 88637 Kreenheinstetten, Tel. 0 75 70/4 40.

• Camping: Camping »Wagenburg«, 88631 Beuron-Hausen, Tel. 0 75 79/5 59.

### Information

Verkehrsamt 88631 Beuron, Tel. 0 74 66/2 14.

### Karte

Topographische Karte 1: 50 000, BLatt 26, Naturpark Obere Donau.

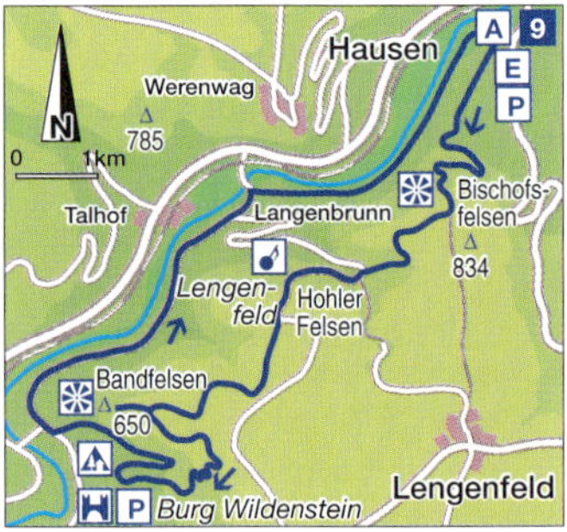

# 10 Paradefelsen im Donaudurchbruch

**Tourenlänge**
11,5 km

**Durchschnittliche Gehzeit**
3 Std.

**Steigung**
300 m

**Etappen**
Bahnhof Thiergarten – Schaufelsen 1 Std. – Steighöfe ½ Std. – Schloß Hausen 1 Std. – Hausen im Tal ½ Std.

**Tourencharakter**
Eine sehr aussichtsreiche Wanderung zu den größten Felsformationen des Donaudurchbruchs. Der Anstieg von Thiergarten ist moderat, der Abstieg nach Hausen im Tal etwas steil.

**Interessantes am Weg**
Ruine Falkenstein, Ruine Schauenburg, Schaufelsen, Mühlefels, Schloß Hausen.

**Wegmarkierung**
Thiergarten – Schloß Hausen rotes Dreieck; Schloß Hausen – Hausen im Tal rote Raute.

## Über Falkenstein und Schaufelsen

Startort ist der Bahnhof von Thiergarten. Von hier geht es zunächst die Talstraße donauabwärts bis zum Gasthaus *Hammer.* Dort zweigt links der Hauptwanderweg Nr. 1 des Schwäbischen Albvereins, der Nordrandweg mit der Markierung rotes Dreieck, ab. Hier verläßt man das Tal und folgt dem Steinbruchweg in ein Seitental bergauf. Nach knapp 1 km wird dieses Seitental über einen Feldweg nach links gequert, bis zu einer Weggabelung am Waldrand.
Wer dem roten Dreiblock folgt, kommt direkt zu den **Schaufelsen**, wer dagegen dem roten Dreieck treu bleibt, besucht auch die **Ruine Falkenstein**.
Die Burg gehörte im Mittelalter den Grafen von Zimmern. In der Renaissance hatten die Grafen von Fürstenberg die Burg sogar noch einmal ausgebaut. Bis heute scheinen die Mauern der überaus romantischen Ruine unmittelbar aus den senkrechten Felsen heraus zu wachsen. Zugänglich war die Burg nur über eine ausgesetzte Zugbrücke. Bereits den Fürstenberger Grafen aber scheint die Burg etwas zu eng gewesen zu sein. Deshalb legten sie in *Thiergarten* (daher der Name des Ortes) einen kleinen Wildpark als »Hausgarten« an.
Ab Falkenstein folgt der Wanderweg weitgehend der Abbruchkante bis hinauf zur Ruine Schauenburg und zur breiten

Mauerkrone der Schaufelsen. Die Burg Schauenburg war im 13. Jh. errichtet worden und im 15. Jh. von den Sigmaringer Hohenzollern zerstört worden. Geblieben sind von der Burg nur spärliche Reste, doch bietet ihr Felssporn eine prächtige Aussicht hinunter ins Tal und hinüber zum 801 m hohen und von der Ruine Langenfels gekrönten Lenzfelsen an der gegenüberliegenden Abbruchkante. Hinter der Burgruine geht es in einen kleinen Sattel hinunter, wo eine Hütte der Bergwacht steht. Kurz darauf erreicht man die langgezogene Krone der Schaufelsen, eine 170 m hohe und überraschend breite Felswand aus Massenkalk. Hier bietet jeder Schritt neue, faszinierende Ausblicke.
Von den Schaufelsen geht es nahezu eben, vorbei am Mühlefels, hinüber zu den Steighöfen, zum Naturfreundehaus Donautal und zu einem Jugendzeltplatz. Von den Steighöfen könnte man der Markierung rote Raute folgend ins Tal hinunter nach Neidingen absteigen und so die Tour um eine Stunde verkürzen. Sehr viel schöner jedoch ist es, dem roten Dreieck des Hauptwanderweges treu zu bleiben, das Reiftal auszugehen und zum Schloß Hausen weiter zu wandern.
Nach der Querung des Reiftales erreicht man einen Forstweg, der bald darauf einen ausgeprägten Rechtsschwenk macht. Nach weiteren 500 m zweigt links ein Fußweg ab, der ebenfalls markiert, aber sehr viel schöner als der Weg mit der Hauptmarkierung hinüber zum Schloß Hausen führt. Schloß Hausen war als Burg bereits im 11. Jh. auf

**Die prächtigen Einzelfelsen im Buchenwald über der Donau stehen in der Nähe der Neumühle.**

dem ausgeprägten Burgfelsen errichtet worden. Die Ruine wurde 1813 vollends abgebrochen, heute steht auf der Hochfläche dahinter ein Gutshof.
Vom Schloß Hausen führt ein steiler Zickzackweg mit Markierung rote Raute hinunter nach Hausen im Tal, von wo aus man mit dem *Wanderbummelzug* oder mit dem Bus zurück nach Thiergarten fahren kann. Wer dagegen noch gut zu Fuß ist, dem sei der Rückweg durch den Talboden am rechten Donauufer empfohlen. Er ist mit rotem Dreiblock markiert, folgt stets dem unteren Waldrand und bietet einen beschaulichen Ausklang der Tour, da man von hier aus all die schönen Felsen, über die man vorher gewandert ist, nun von unten im Nachmittagslicht bestaunen kann. Der Weg ist knapp 7 km lang und praktisch eben.

# Informationen zur Tour

### Ausgangsort
Der Bhf Thiergarten ist Haltestelle der Donautal-Bahn. Von hier aus kann man per Bahn die Schönheiten des oberen Donautales erleben.

### Anfahrt
Pkw: von Sigmaringen 14 km;
DB: von Sigmaringen und Tuttlingen.

### Einkehrmöglichkeiten
Gasthöfe in Thiergarten und Hausen im Tal, unterwegs das Naturfreundehaus Donautal bei den Steighöfen.

### Unterkünfte
Gasthof Neumühle, 88631 Thiergar-

ten, Tel. 07570/9590; Gasthof Zum Kreuz, Hauptstr. 9, 72510 Stetten, Tel. 07573/802; Hotel Pelikan, Abteistr. 12, 88631 Beuron, Tel. 07466/406.

• Camping: Campingplatz, 72488 Sigmaringen, Tel. 07571/50411; Jugendzeltplatz bei den Steighöfen.

## Information

Verkehrsamt, 88631 Beuron, Tel. 07466/214.

## Karte

Topographische Karte 1:50000, Blatt 26, Naturpark Obere Donau.

**Die junge Donau ist ein stilles, aber nicht selten tiefgründiges Wasser. Romantiker finden hier immer wieder ihre »Blaue Blume«.**

# 11 Fürstenpark und Strudellöcher

**Tourenlänge**
19 km

**Durchschnittliche Gehzeit**
6 Std.

**Steigung**
400 m

**Etappen**
Bahnhof Inzigkofen – Teufelsloch 1 ½ Std. – Thiergarten 1 ½ Std. – Gutenstein 1 Std. – Bhf Inzigkofen 2 Std.

**Tourencharakter**
Eine zwar lange, aber auch entsprechend ergiebige Wanderung. Durch die Querverbindungen nach Dietfurth bzw. Gutenstein kann die Runde beliebig verkürzt werden.

**Interessantes am Weg**
Ruine Gebrochen Gutenstein, Teufelslochfelsen, Schlößchen Gutenstein, Ruine Dietfurth, Schloßpark Inzigkofen, ehemalige Klosterkirche Inzigkofen.

**Wegmarkierung**
Bahnhof Inzigkofen – Thiergarten rotes Dreieck, Thiergarten – Bhf Inzigkofen roter Dreiblock.

## Von Inzigkofen ins Durchbruchstal der Donau

Startpunkt ist der Bahnhof Inzigkofen neben der Donautalstraße. Gegenüber beginnt der bis Thiergarten mit einem roten Dreieck markierte Steig, zur Ruine Gebrochen Gutenstein hinaufzusteigen. Westlich der Ruine senkt sich der Weg hinunter zum Tal der Schmeie. Über die Straßenbrücke quert man das Flüßchen und folgt danach weiter den roten Dreiecken unter die Hänge des Schmeirer Berges. Auf der Höhe von Dietfurth kann man links abzweigen, das Donautal queren und über Dietfurth unmittelbar nach Inzigkofen zurückwandern.
Der Hauptweg überquert den Gutensteiner Berg (704 m) und erreicht beim Teufelslochfelsen einen besonders schönen Aussichtspunkt. Folgt man vom Teufelslochfelsen dem roten *Dreiblock*, kommt man hinunter nach Gutenstein und kann von dort aus ebenfalls über Dietfurth in einer mittelgroßen Runde zurück nach Inzigkofen wandern.
Wandert man dagegen vom Teufelslochfelsen aus weiter entlang dem roten *Dreieck*, erreicht man nach der Querung einer kleinen Landstraße den Rabenfelsen. Seine 60 m hohen Felswände sind beliebte Ziele der Kletterer. Durch den felsdurchsetzten Steilhang schlängelt sich der Steig nun hinunter in den Talboden nach Thiergarten.

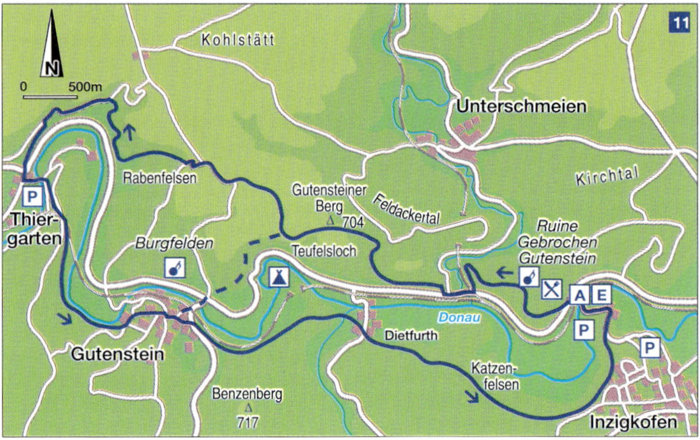


Ab **Thiergarten** geht es dem rechten Ufer der Donau mit der Markierung roter Dreiblock entlang.
Unser nächstes Ziel ist das **Schlößchen Gutenstein**, das um 1730 errichtet wurde und einst dem Grafen Castell gehört hatte. Hinter Gutenstein folgt man zunächst der Donau und der Bahnlinie, schneidet dann aber eine Landzunge ab, um die **Ruine Dietfurth** direkt zu erreichen. Sie steht auf einem einzelnen Felsen mitten im Talboden unmittelbar neben der Donau. Der Burgfelsen ist teilweise hohl. In der Höhle fand man bei Grabungen Kulturbelege, die von der Steinzeit bis ins Mittelalter reichen.

Hinter Dietfurth führt der gut markierte Weg von der Donau weg, vorbei am **Katzenfelsen** und hinein in den Park der fürstlich-hohenzollerischen Sommerresidenz Inzigkofen. Vor der alten Klostermauer hat man die Qual der Wahl. Folgt man dem Wegweiser Teufelsbrücke *links* hinunter, kommt man zu den **Inzigkofer Grotten**, alten Strudellöchern der Donau, und zur **Teufelsbrücke**, die eine 20 m tiefe Felsschlucht überquert. Am **Amalienfelsen** vorbei erreicht man den Bahnhof Inzigkofen. Dieser Weg hat den Vorteil, daß er zu den Naturschönheiten führt, aber den Nachteil, daß er Schloß und Klosterkirche von Inzigkofen ausläßt.

Läßt man die Naturschönheiten links liegen und wendet sich *rechts*, betritt man beim Tor in einer gewaltigen Mauer den alten Garten des 1354 gegründeten Augustiner Chorfrauenklosters. Nach der Säkularisation im Jahre 1802 hatte es der Fürst von Hohenzollern-Sigmaringen in Besitz genommen, neben der alten Klosterkirche eine Sommerresidenz errichtet und die prächtige Umgebung zu einem rund 25 Hektar großen Schloßpark gestalten lassen. Heute dienen die alten Klostergebäude als Volkshochschule. Die ehemalige Klosterkirche erhielt ihre jetzige Form als Saalbau bis 1780. In der Zehentscheuer des Klosters gibt es heute ein Bauernmuseum mit alten landwirtschaftlichen Geräten. Vom Sommerschlößchen der Hohenzollernfürsten führt der Weg geradeaus hinunter zum Nickhof und über die Brücke zurück zum Bahnhof Inzigkofen.

# Informationen zur Tour

### Ausgangsort

Der Bahnhof Inzigkofen ist die Haltestelle der Donautal-Bahn für das Dörfchen Inzigkofen. Von hier aus kann man per Bahn die Schönheiten des oberen Donautales erleben.

### Anfahrt

Pkw: von Sigmaringen 5 km;
DB: von Sigmaringen und Tuttlingen.

### Einkehrmöglichkeiten

Gasthöfe in Thiergarten, Gutenstein und Inzigkofen.

**Um Gutenstein herum finden sich immer wieder prächtige Kletterfelsen. Aufmerksame Beobachter können hier auch jagende Falken entdecken.**

**Die Ruine Gebrochen Gutenstein läßt noch heute ahnen, wie sicher sich einst der hier hausende Raubritter fühlen konnte.**

## Öffnungszeiten

Bauernmuseum Mai – Oktober, 1. und 3. Sonntag, 13.30 – 16.30 Uhr.

## Unterkünfte

Gasthof Kreuz, 72514 Inzigkofen, Tel. 0 75 71/5 18 12; Gasthof Zur Mühle, 72514 Dietfurth, Tel. 07571/5 17 15; Hotel Traube, 72488 Sigmaringen, Tel. 0 75 71/1 22 27.

- Camping: Campingplatz, 72488 Sigmaringen, Tel. 0 75 71/5 04 11.

## Information

Städtisches Verkehrsamt, 72488 Sigmaringen, Tel. 0 75 71/10 62 33.

## Karte

Topographische Karte 1: 50 000, Blatt 26, Naturpark Obere Donau.

# 12 In der Heimat der Hohenzollern

**Tourenlänge**
10 km

**Durchschnittliche Gehzeit**
2 3/4 Std.

**Steigung**
150 m

**Etappen**
Bahnhof Sigmaringen – Nägelesfelsen 3/4 Std. – Bittelschießer Täle 1/2 Std. – Bahnhof Sigmaringen 1 1/2 Std.

**Tourencharakter**
Eine leichte Wanderung von der Donau zur Lauchert, bei der man den Besuch des Hohenzollernschlosses mit dem einer besonders schönen Höhlenlandschaft verbinden kann.

**Interessantes am Weg**
Nägelesfelsen, Bittelschießer Höhle, Ruine Hornstein, Hohenzollernschloß und Pfarrkirche in Sigmaringen.

**Wegmarkierung**
Sieben Kirschbäume – Nägelesfelsen – Bittelschießer Höhle roter Dreiblock; Lauchertbrücke – Donaubrücke in Sigmaringen rotes Dreieck.

## Vom Zollernschloß ins Bittelschießer Täle

Ausgangspunkt ist der Bahnhof in Sigmaringen, von dem aus man durch die Bahnhofstraße in Richtung Schloß und dann der Eisenbahn entlang geradeaus weitergeht. Über die Eisenbahnbrücke kommen wir zum Pantelstein, einem Fels mit röhrendem Hirsch darauf. Hier führt ein sich wie eine Schnecke windender Fußweg über die Bundesstraße und hinüber zum Mühlberg.
Dort nimmt man den rechten Weg, um den vordersten Felsen des Mühlberges, der den schönsten Blick auf das Hohenzollernschloß bietet, nicht zu versäumen.
Vom »Schloßblickfelsen« aus wandert man knapp 10 Min. östlich durch den Mühlberg, bis man links große Schulgebäude stehen sieht. Nach ihrer Querung folgt man der Hohenzollernstraße bis zur Jugendherberge und bis zum nächsten Bergweg, auf dem man sich nach links wendet. Der nächste Querweg trägt die Markierung roter Dreiblock. Ihm folgt man nach rechts und erreicht kurz darauf die Sieben Kirschbäume, eine 683 m hohe, deutlich sichtbare Erhebung. Ihren Namen erhielt sie von den hier wild wachsenden und im Frühjahr üppig blühenden wilden Kirschbäumen.
Hinter der Anhöhe geht man geradeaus weiter in den Sigmaringer Stadtwald hinein und ver-

**Schloß Sigmaringen, das den östlichsten Donaufelsen ziert, wurde im Mittelalter gegründet und erhielt seine heutige Form bis 1906.**

läßt kurz darauf den Güterweg nach rechts, der Markierung roter Dreiblock folgend, bis man die Hangkante oberhalb des Laucherttales beim Nägelesfelsen erreicht. Der Felsen bietet einen schönen Blick auf die verträumt wirkenden Schleifen der Lauchert und hinüber zum Rappenfelsen.

Vom Nägelesfelsen wandern wir rechts hinunter zur Lauchert, queren die Trasse der Hohenzollerischen Landesbahn und wandern dann dem rechten Ufer der Lauchert und der Markierung roter Dreiblock entlang bis zur Straßenbrücke über die Lauchert. Nun geht es auf der linken Seite der Lauchert weiter, und kurz darauf erreicht man bereits das **Bittelschießer Täle** mit seiner besonders schönen Höhlenlandschaft. Hier hat die Lauchert in einer etwa 300 m langen Felsschlucht einen Bergsporn der Urdonau durchbrochen, der als Moränenschutt der Rißeiszeit das alte Tal versperrt hatte.

Besonders eindrucksvoll ist natürlich die 25 m lange, 9 m breite und immerhin 14 m hohe **Bittelschießer Höhle**. Sie endet in einem offenen Kamin, so daß man sich gut vorstellen kann, wie hier die Menschen der Eiszeit am offenen Feuer hausten, ohne daß sie im Rauch ersticken mußten. Neben der großen Höhle finden sich in den Wänden der Massenkalkfelsen noch zahlreiche Kleinhöhlen, an denen gut die unterschiedlichen Korrosionsformen abgelesen werden können.

Oberhalb der Bittelschießer Höhle steht eine kleine *Wallfahrtskapelle*, der man es zunächst nicht ansieht, daß sie eigentlich Rest einer früh verfallenen Burg ist. Von ihr sind sonst nur noch Wallreste der ehemaligen Befestigungsanlage zu erkennen.

Ein kurzer Abstecher weiter nach Nordosten (Markierung gelbe Raute) führt hinüber zum großen Rundturm der **Ruine Hornstein**. Sie stammt von einem im 17. Jh. errichteten, vierstöckigen Schloß, das später sogar als Zuchthaus gedient hatte.

Für den Rückweg nach Sigmaringen folgt man ab der Lauchertbrücke im Westen des Bittelschießer Täles der Markierung rotes Dreieck. Sie quert den *Frauenstock*, den Sigmaringer Ortsteil *Hanfertal* und führt schließlich über den bereits bekannten *Mühlberg* zurück zum Bahnhof Sigmaringen.

In Sigmaringen sollte dann noch Zeit sein zum Besuch des **fürstlichen Schlosses**, dessen heutige Gestalt nach wechselvoller Geschichte der Vorgängerbauten zwischen 1895 und 1906 errichtet wurde. Das Innere des Schlosses bietet prächtige Repräsentationsräume, eine her-

vorragende Kunstsammlung mit Werken süddeutscher Meister des 15. und 16. Jh., ein überraschend gut bestücktes Marstallmuseum mit Jagd- und Galawagen sowie eine der größten privaten Waffensammlungen Europas.
Unmittelbar neben dem Schloß steht die 1763 vollendete Stadtpfarrkirche St. Johann. Ihre Stuckmarmoraltäre lieferte kein Geringerer als Johann Michael Feichtmayr. Die Deckenfresken fertigte der Sigmaringer Maler Andreas Meinrad von Ow.

# Informationen zur Tour

### Ausgangsort

Sigmaringen gab es als Burgsitz nachweislich bereits 1077. Die Burg wurde Stammsitz der Fürsten von Hohenzollern-Sigmaringen. 1952 kam die Stadt zu Baden-Württemberg.

### Anfahrt

DB: von Tuttlingen und Ulm.

### Einkehrmöglichkeiten

Gasthöfe in Sigmaringen.

### Öffnungszeiten

Schloß Sigmaringen: Nov., Februar – April tägl. 9.30 – 17.00, Mai – Okt. tägl. 9.00 – 17.30 Uhr.

### Unterkünfte

Hotel Traube, Fürst-Wilhelm-Str. 19, 72488 Sigmaringen, Tel. 0 75 71/ 122 27; Hotel Bären, Bergstr. 2, 72488 Sigmaringen, Tel. 0 75 71/ 128 62; Hotel Fürstenhof, Zeppelinstr. 14, 72488 Sigmaringen, Tel. 0 75 71/7 20 60.

• Camping: Campingplatz, 72488 Sigmaringen, Tel. 0 75 71/5 04 11.

### Information

Städtisches Verkehrsamt, 72488 Sigmaringen, Tel. 0 75 71/10 62 33.

### Karte

Topographische Karte 1: 50 000, Blatt 20, Sigmaringen/Ehingen.

**Die Ruine Hornstein ist Rest eines im 17. Jh. errichteten, vierstöckigen Schlosses, das später von den Fürsten von Hohenzollern als Zuchthaus verwendet wurde.**

# 13 An der verträumten Vehla

**Tourenlänge**
13km

**Durchschnittliche Gehzeit**
3 ½ Std.

**Steigung**
150 m

**Etappen**
WP südlich Gammertingen – Ruine Baldenstein 1 Std. – Hettingen 1½ Std. – WP südlich Gammertingen 1 Std.

**Tourencharakter**
Eine bequeme Wanderung mit geringen Anstiegen, aber vielen romantischen Elementen. In Hettingen gibt es kulturhistorisch Interessantes.

**Interessantes am Weg**
Ruine Baldenstein, Bruckberg, Pfarrkirche in Hettingen, Teufelstorfelsen.

**Wegmarkierung**
WP südlich Gammertingen – Ruine Baldenstein gelber Dreiblock; Ruine Baldenstein – Hettingen – WP südlich Gammertingen gelbes Dreieck.

## Von Gammertingen in die Täler der Vehla und Lauchert

Von unserem Ausgangspunkt, dem Wanderparkplatz am südlichen Ortsrand von Gammertingen, quert ein schmales Sträßlein die Lauchert und führt nach ungefähr 100 m links den Hang hoch. Kurz darauf zweigt der mit gelbem Dreiblock markierte Wanderweg scharf nach rechts ab, um wenig später die offenen Felder genau westlich zu queren. Am gegenüber liegenden Waldrand trifft man auf einen geteerten Feldweg, dem man nach links folgt, bis rechts ein anderer Feldweg mit dem Wegweiser »Altes Schloß« nach rechts abzweigt. Ihm folgt man bis zur **Ruine Baldenstein** am Ostrand des Vehlatales. Auf diesem Burgfelsen hatten die Grafen von Gammertingen 1138 eine Burg errichten lassen, die im 13. Jh. an die Herren von Veringen ging. Nach dem Dreißigjährigen Krieg verfiel die Anlage, bis sie in den sechziger Jahren von der Bundeswehr teilweise wieder aufgebaut und gesichert wurde.
Links neben der Ruine führt ein Steig ins Vehlatal hinunter. Dort trifft man auf einen breiten Güterweg, auf dem es nach links geht, dem gelben Dreieck folgend. Nun kann die Seele baumeln, denn das gesamte **Vehlatal** zwischen Neufra und der Mündung des Baches in die Lauchert südlich von Hettingen ist verkehrsfrei und steht unter strengem Naturschutz. Die Vehla darf hier noch nach Lust und

Laune ihre Mäanderschlingen bilden und die sattgrünen Wiesen so gut bewässern, daß viele seltene, auf Feuchtwiesen angewiesene Pflanzenarten prächtig gedeihen können. Der Weg durch dieses Paradies folgt dem linken Vehlaufer nahezu auf der ganzen Länge bis zur Mündung in die Lauchert. Erst kurz vor der Mündung trifft man auf eine breitere Forststraße, der man dann an der Vehlamündung vorbei nach **Hettingen** hinein folgt.
Erste Station sollte hier die **Marienkapelle** sein. Sie wurde 1582 erbaut und birgt im Altar eine Muttergottes des frühen 15. Jh. in der Farbfassung des 18. Jh.
Die **Pfarrkirche St. Martin** wurde 1499 vollendet. Ihr Inneres präsentiert sich mit dem sterngewölbten Chor als ein Paradebeispiel einer gotischen Landkirche. Ursprünglich war die Kirche durch einen Lettner geteilt, der heute zweigeteilt als Empore vor den seitlichen Chorwänden steht. Das überraschend schöne Sakramentshäuschen aus Sandstein stammt aus der Bauzeit, ebenso die dreizehn Halbfiguren des Stammbaumes Christi. Die Fresken aus dem frühen 16. Jh. sind ein Werk von Peter Strüb. In der Seitenkapelle schließlich erfreut eine hervorragend gearbeitete Muttergottes aus der Zeit um 1500 die Besucher. An die Herren von Hettingen erinnern drei Renaissancegrabmäler aus der Zeit um 1585.
Hettingen wird überragt von der **Burgruine** der Grafen von Veringen. Sie hatten Burg und Dorf im 13. Jh. gegründet und Teile der Burg im 18. Jh. in ein barockes Schlößchen umgebaut.
Im Norden von Hettingen ist schließlich auch noch die **Sebastianskapelle** interessant. Sie wurde 1612 fertiggestellt, ihre Bemalung stammt aus dem 17. und 18. Jh. Figuren der Muttergottes und der hl. Ottilie stammen aus der Spätgotik.
Aus Hettingen hinaus folgt man nicht der Bundesstraße, sondern geht beim *Gasthof Krone* wenige Meter zur Lauchert, biegt aber vor der Lauchertbrücke nach rechts ab. Aus dem anfänglichen Teerweg wird bald

Die Grafen von Veringen bauten ihre aus dem 13. Jh. stammende Burg in Hettingen im 18. Jh. zu einem barocken Schlößchen um.

**Das Sakramentshäuschen in der Hettinger Pfarrkirche überrascht mit ausgesprochen schönen Details.**

ein Graspfad, von dem aus man nach etwa 300 m nach rechts die B 32 erreicht und quert. Anschließend führt eine schmale Teerstraße mit der Markierung gelbes Dreieck links aufwärts. Markierung und Wegweiser »Teufelstor« führen nun verläßlich zum Naturdenkmal Teufelstorfelsen. Er entpuppt sich als ein eindrucksvolles Felsentor hoch über dem heutigen Bogen des Laucherttales. Vom Teufelstorfelsen schlängelt sich der gut markierte Weg wieder hinunter zur Lauchert und zum Ausgangspunkt beim Wanderparkplatz südlich von Gammertingen.

# Informationen zur Tour

## Ausgangsort

Das regsame Gammertingen hatte seine Bedeutung ursprünglich vom Knotenpunkt der Hohenzollerischen Landesbahn. Der Wanderparkplatz liegt im Laucherttal südlich von Gammertingen.

## Anfahrt

Pkw: von Sigmaringen 25 km, von Hechingen 27 km.

## Einkehrmöglichkeiten

Gasthöfe in Hettingen.

## Unterkünfte

Hotel Kreuz, Marktstr. 6, 72501 Gammertingen, Tel. 0 75 74/8 34; Hotel Posthalterei, 72501 Gammertingen, Tel. 0 75 74/8 76; Gasthof Löwen, Hechinger Str. 14, 72501 Gammertingen, Tel. 0 75 74/23 17. • Camping: Campingplatz, 72488 Sigmaringen, Tel. 0 75 71/5 04 11.

## Information

Stadtverwaltung, 72501 Gammertingen, Tel. 0 75 74/40 60.

## Karte

Topographische Karte 1: 50 000, Blatt 20, Sigmaringen/Ehingen.

# 14 Klosterschätze und Keltenburgen

**Tourenlänge**
11 km

**Durchschnittliche Gehzeit**
2 1/2 Std.

**Steigung**
100 m

**Etappen**
Kloster Heiligkreuztal – Hohmichele 1 1/4 Std. – Heuneburg 3/4 Std. – Hundersingen 1/2 Std.

**Tourencharakter**
Genußreiche Wanderung zu einer Fülle mittelalterlicher Schätze und prähistorischer Denkmäler.

**Interessantes am Weg**
Klosterkirche Heiligkreuztal, Hohmichele, Heuneburg, Baumburg, Heuneburg-Museum.

**Wegmarkierung**
Durchgehend blaue Raute; Hohmichele – Heuneburg – Hundersingen zusätzlich Symbol des Archäologischen Rundweges Hundersingen.

## Von Heiligkreuztal auf die Heuneburg

Ausgangsort und gleichzeitig erster Höhepunkt der Wanderung ist das 1227 gegründete, ehemalige Kloster Heiligkreuztal. Seine Kirche wurde 1319 geweiht. Ihr kostbarster Schatz ist das große Glasfenster im Chor, das spätestens 1312 gearbeitet wurde. Zu sehen sind einzelne weibliche Heilige in Maßwerkumrahmungen. Der Fünfpaß darüber zeigt Christus, die Gottesmutter und die 1312 verstorbene Stifterin.
Kaum weniger wertvoll ist die geschnitzte Christus-Johannes-Gruppe, bei der der Lieblingsjünger Johannes an der Brust seines Herrn ruht. Die stimmungsvolle Gruppe entstand im frühen 14. Jh., die Bemalung stammt aus der Barockzeit. Die Chorwände schließlich enthalten einen Freskenzyklus des Meisters von Meßkirch aus dem Jahre 1533. Die Bilder sind typische Beispiele der oberschwäbischen Renaissance. Eindrucksvoll sind die reich gestalteten Innenräume, die sich immer wieder zu tiefen Ausblicken öffnen.
Von Heiligkreuztal folgt man zunächst der Markierung blaue Raute und einem Feldweg genau nach Süden und wenig später in den Wald. Schon nach wenigen

**Der Kreuzgang im Kloster Heiligkreuztal ist mit Fresken aus vier Jahrhunderten geschmückt. Darunter sind durchaus auch weltliche Beispiele wie dieser Ritter von 1551.**

Minuten trifft man hier linker Hand auf eine erste *Keltenschanze*. Unterhalb eines kleinen Stausees geht man an der Wegekreuzung geradeaus und trifft schließlich am südlichen Waldrand auf einen Querweg, dem man nach rechts folgt. Am Soppenbach verläßt man den rechts abschwenkenden Güterweg und folgt dem Waldrand weiter nach Süden, erneut bis kurz vor den Bach. Hier geht es rechts, um die Keltenschanze und den **Hohmichele** zu besuchen. Er ist mit einem Durchmesser von 78 m und einer Höhe von 13,5 m einer der mächtigsten *Grabhügel* in Mitteleuropa. Hier dürfte der Gründer der Heuneburg-Dynastie begraben sein. Der heutige Hügel stammt allerdings erst aus den fünfziger Jahren, nachdem das Grab ab 1937 systematisch untersucht worden war. Dabei fanden sich neben der Hauptgrabkammer auch noch seitliche Kammergräber, die sogar noch unversehrt waren.

Vom Hohmichele wandern wir den gleichen Weg zurück bis zum Soppenbach, überqueren ihn und folgen der Markierung blaue Raute weiter durch den Gießübelwald, wo wir bald auf vier weitere, mächtige *Grabhügel* stoßen. Hier befanden sich im 7. und 6. Jh. v. Chr. Gebäude einer zur Heuneburg gehörenden Siedlung. Nach ihrer Zerstörung wurden die Hügelgräber angelegt.

Nach der Querung des Parkplatzes erreicht man kurz darauf die auf einer weiten Fläche gelegene **Heuneburg**. Sie zählt zu den wichtigsten keltischen Fundplätzen Süddeutschlands und verrät einmal mehr das strategische Bewußtsein ihrer einstigen Bewohner. Nach Osten nämlich fällt das Plateau gut 60 Höhenmeter zur Donau hin ab. Zwischen Hangfuß und Donau verlief ein wichtiger Überlandweg, der von oben aus gut kontrolliert werden konnte. Der Platz selbst ließ sich einfach verteidigen, so daß es wohl schon in der späten Steinzeit hier eine Verteidigungsanlage gab. Um 1500 v. Chr. umschloß bereits ein Befestigungswall die Hochfläche und sicherte so die Siedlung. Etwa 500 v. Chr. gab es noch einmal eine Blütezeit, als ein keltischer Fürst hier seinen Herrschaftssitz hatte. Damals entstanden mehrere Befestigungsanlagen, darunter sogar eine Lehmziegelmauer nach etruskischem Vorbild.

Von der Heuneburg wandert man zunächst zum Hauptweg zurück und dann auf diesem südwärts bis zum Talhof, einem schon seit Mitte des 13. Jh. bestehenden Gehöft. Beim Hof wendet man sich zunächst nach rechts, um kurz darauf wieder nach Süden zu schwenken. Nächstes Ziel ist ein freier Hügel, auf dem im 11. Jh. die Baumburg errichtet worden war. Was der damalige Burgenbauer nicht wußte: Er baute seine Burg ausgerechnet auf einem Fürstengrabhügel aus keltischer Zeit. Hier war auch ein Burgherr der Heuneburg begraben worden. Von der Baumburg ist es nur noch ein Katzensprung bis Hundersingen, wo am Nordrand des Dorfes noch das *Heune-*

**Die romanischen Bögen im Kreuzgang von Kloster Heiligkreuztal belegen die Entstehungszeit im frühen 14. Jh. Jeder Zentimenter der Wände war bemalt.**

*burg-Museum* auf Besucher wartet. Es ist in der ehemaligen Zehentscheune des Klosters Heiligkreuztal untergebracht und präsentiert die schönsten Ausgrabungsfunde aus dem Bereich um die Heuneburg.

# Informationen zur Tour

## Ausgangsort

Das ehemalige Zisterzienserinnenkloster Heiligkreuztal liegt zwischen Herbertingen und Langenenslingen am Südfuß der Schwäbischen Alb.

## Anfahrt

Pkw: von Sigmaringen 17 km, von Riedlingen 8 km.

## Einkehrmöglichkeiten

Gasthöfe in Hundersingen.

## Unterkünfte

Hotel Roter Ochsen, Hauptstr. 92, 88512 Mengen, Tel. 0 75 72/29 83; Hotel Donaublick, Scheerer Str. 11, 88512 Mengen, Tel. 0 75 72/7 63 80; Gasthof Eck, 88515 Langenenslingen, Tel. 0 73 76/8 03.

- Camping: Campingplatz, 72488 Sigmaringen, Tel. 0 75 71/5 04 11.

## Information

Gemeindeverwaltung, 88515 Langenenslingen, Tel. 0 73 76/96 90; Gemeindeverwaltung, 88518 Hundersingen, Tel. 0 75 86/3 62.

## Karte

Topographische Karte 1: 50 000, Blatt 20, Sigmaringen/Ehingen.

# 15 Bootsfahrt in die Unterwelt

**Tourenlänge**
10 km

**Durchschnittliche Gehzeit**
2 1/2 Std.

**Steigung**
150 m

**Etappen**
Klosterkirche Zwiefalten – Wimsener Höhle 1 Std. – Bärenhöhle 3/4 Std. – Hayingen 3/4 Std.

**Tourencharakter**
Die einzige Höhle Deutschlands, in die man mit dem Boot hineinfahren kann, eine alte Ritterburg und zwei kleinere Höhlen machen diese nicht zu lange Wanderung auch für Kinder zum Erlebnis.

**Interessantes am Weg**
Klosterkirche Zwiefalten, Wimsener Höhle, Burg Ehrenfels, Glashöhle, Bärenhöhle, Pfarrkirche Hayingen.

**Wegmarkierung**
Durchgehend rotes Dreieck.

## Von Zwiefalten zur Wimsener Höhle und ins Glastal

Ausgangspunkt ist der Parkplatz beim ehemaligen Kloster Zwiefalten. Es wurde 1089 von den kinderlosen Grafen Kuno und Luitpold von Achalm gegründet und vom Reformkloster Hirsau aus betreut. Bereits 1109 konnte seine erste Kirche geweiht werden. Die heutige Kirche allerdings entstand erst von 1744 bis 1765, dafür gehört sie zu den Glanzlichtern der Bau- und Ausstattungskunst des 18. Jh. Ihr Baumeister war Johann Michael Fischer aus München. Ihm gelang eine reizvolle Fassade zwischen einem 82 m hohen Turmpaar. Den Innenraum bestimmte er mit säulenbesetzten Wandpfeilern und gab ihm damit trotz aller zeitgenössischen Barockformen romanische Anklänge. Alles Schwere wird dabei aufgehoben vom zarten Rokokostuck des Wessobrunner Stukkateurs Johann Michael Feichtmayr. Das umfassende ikonographische Programm setzte Franz Joseph Spiegler in einem Festsaal mit barocker Deckenmalerei um. Auch beim Hochaltar haben Feichtmayr und Spiegler zusammengearbeitet, Chorgestühl und Kanzel runden das Ganze zum barocken Gesamtkunstwerk ab.
Vom Klosterparkplatz aus folgt man wenige Schritte der Bundesstraße, bevor man links in die *Sägmühlstraße* abbiegt. Über die Gerberstraße geht es in das freundliche Wiesental der Zwiefalter Ache. Vorbei an Gossenzugen, kommt man in einer

**Die Fassade der Klosterkirche von Zwiefalten ist ein Meisterwerk von Johann Michael Fischer aus München. Die 1765 fertiggestellte Kirche birgt im Inneren einen Festsaal des Barock.**

gemütlichen Stunde zur Wimsener Höhle. Sie ist eine der wenigen noch aktiven Flußhöhlen der Schwäbischen Alb und ist bisher auf eine Länge von 723 m erforscht. Zugänglich davon sind allerdings nur 70 m, der Rest versteckt sich hinter einem 20 m langen Siphon. Nur Profitaucher können also die tropfsteingefüllten Räume und den Höhlensee erkunden. Normalbesucher dürfen die Höhle mit dem Boot bis zu dem Punkt befahren, wo die Decke einfach zu niedrig wird. Daß die Höhle auch *Friedrichshöhle* heißt, verdankt sie einem Besuch von Kurfürst Friedrich I. von Württemberg im Jahre 1803.
Nördlich der Wimsener Höhle folgt man weiter der Markierung rotes Dreieck zunächst wenige Meter hangaufwärts, kommt dann am Schloß Ehrenfels vorbei und gewinnt schließlich bei der Ruine Altehrenfels das Glastal. Das Schloß Ehrenfels entstand übrigens bis 1740 als Sommersitz der Zwiefälter Äbte. Die Burg Altehrenfels wurde im 13. Jh.gebaut und 1516 auf Befehl des Klosterabtes abgerissen, weil sie angeblich Räubern als Unterschlupf diente.
Das weltabgeschiedene Glastal ist als Landschaftsschutzgebiet ausgewiesen. In seinem oberen Teil ist es ein Trockental mit be-

sonders schönen Felspartien.
Die Glashöhle beeindruckt mit drei etwa 10 m in die Höhe reichenden Kaminen. Die wenig später folgende Bärenhöhle ist etwa 15 m lang und verengt sich zu einem ca. 15 m langen Kriechgang.
Das Glastal endet bei der Hayinger Brücke. Hier folgt man dem Landsträßchen nach rechts, passiert das Naturschutzgebiet Digelfeld und erreicht bald darauf Hayingen. Das freundliche Dorf gab es nachweislich bereits 854

**Die Wimsener Höhle ist eine der wenigen noch aktiven Flußhöhlen der Schwäbischen Alb. Sie kann auf 70 m Länge mit einem Kahn befahren werden.**

und gehörte später den Herren von Gundelfingen. Sie schufen Mitte des 13. Jh. die Voraussetzung für die heute noch sichtbare, regelmäßige Anlage. 1627 kam der Besitz an die Herren von Fürstenberg. Die ursprünglich spätgotische *Pfarrkirche* erhielt ihre heutige Form bis 1724. Aus diesem Jahr stammt auch das große Deckenbild von Ignaz Wegscheider. Auch einige Bürgerbauten können sich sehen lassen, so das aus dem 17. Jh. stammende Rathaus mit seinen Erkern, das Spital von 1536 sowie der barocke Fruchtkasten aus dem 17. Jh.

# Informationen zur Tour

## Ausgangsort

Zwiefalten wurde 1089 als Benediktinerkloster im freundlichen Wiesental der Zwiefalter Ache gegründet. Heute präsentiert sich die ehemalige Klosterkirche als einer der schönsten schwäbischen Barockbauten.

## Anfahrt

Pkw: von Sigmaringen 45 km, von Ehingen 25 km.

## Einkehrmöglichkeiten

Gasthöfe in Zwiefalten, bei der Wimsener Höhle und in Hayingen.

## Unterkünfte

Hotel Post, Hauptstr. 44, 88529 Zwiefalten, Tel. 0 73 73/9 20 70; Hotel Forellental, 88529 Zwiefalten, Tel. 0 73 73/9 21 90; Hotel Adler, 72534 Hayingen, Tel. 0 73 86/7 18. • Camping: Azur Camping, 72820 Erpfingen, Tel. 0 71 28/4 66.

## Information

Gemeindeverwaltung, 88529 Zwiefalten, Tel. 0 73 73/2 05 20.

## Karte

Topographische Karte 1: 50 000, Blatt 20, Sigmaringen/Ehingen.

# 16 Wolfstal und Große Lauter

**Tourenlänge**
14 km

**Durchschnittliche Gehzeit**
4 Std.

**Steigung**
250 m

**Etappen**
WP Eingang Wolfstal – Kreuzung Tiefental 1 1/2 Std. – Ruine Wartstein 1 Std. – Unterwilzingen 3/4 Std. – WP Eingang Wolfstal 3/4 Std.

**Tourencharakter**
Die gut markierte Wanderung führt durch zwei überaus reizvolle Täler. Die Anstiege sind moderat und führen zu schönen Aussichtspunkten.

**Interessantes am Weg**
Bärenhöhle, Wolfstal, Pfarrkirche Erbstetten, Heumacherfels, Ruine Wartstein, Ruine Monsberg.

**Wegmarkierung**
WP Eingang Wolfstal – Kreuzung Tiefental roter Balken; Kreuzung Tiefental – Erbstetten blaues Dreieck; Erbstetten – Ruine Wartstein rotes Dreieck; Ruine Wartstein – WP Eingang Wolfstal roter Balken.

## Von Lauterach über Erbstetten ins Tal der Großen Lauter

Vom Parkplatz am Eingang des **Wolfstales** folgt man der Markierung roter Balken in das wie verwunschen wirkende Seitental der Großen Lauter. Nach wenigen Minuten bereits taucht links oben die **Bärenhöhle** auf, eine 4 bis 5 m breite und knapp 20 m lange Höhle, in der Funde aus der Jungsteinzeit, der Bronzezeit und der Hallstattzeit sichergestellt werden konnten.
Das Wolfstal selbst präsentiert sich als enge, tief in den Felsen eingeschnittene Schlucht – allerdings ohne den dazugehörenden Bach. Dieser versickert weit oben im verkarsteten Untergrund, aber dennoch hat das Wasser die Schlucht gegraben. Möglich war dies in der letzten Eiszeit, als die Klüfte im Untergrund durch Eis versiegelt waren und das Oberflächenwasser als Wildbach durch die Schlucht toste. Die Spuren der Auswaschungen sind überall noch zu sehen.
Das obere Ende des Wolfstales erreicht man beim Verbindungssträßchen Mundingen – Erbstetten. Ihm folgt man nach links und kommt kurz darauf zum Dörfchen **Erbstetten**. Hier lohnt sich ein Blick in die alte *Dorfkirche* mit ihren lebensgroßen Fres-

ken der Apostel. Anschließend folgt man dem Wegweiser »Heumacherfels/Wartstein« und der Markierung rotes Dreieck hinauf in den Heumacher Wald. Der Hangkante folgend kommt man zum **Heumacherfelsen**, von dem aus man nicht nur ins Lautertal, sondern auch hinaus nach Obermarchtal, zum Bussen und bei besonders klarem Wetter sogar bis zu den Alpen sieht. Auch nach dem Heumacherfelsen geht es entlang der Hangkante mit dem roten Dreieck, bis man auf die Felsspitze der **Ruine Wartstein** trifft. Sie thront stolz auf einem steilen Bergsporn über dem Lautertal. Gebaut wurde die Burg wohl um 1220, ihre Zerstörung ist 1495 belegt. Erhalten sind noch Mauerreste der Unterburg mit Tor und Nebengebäuden sowie der Bergfried, der 1969 zur Aussichtsplattform ausgebaut worden ist. Von der Ruine Wartstein folgt man wieder der Hangkante und dem Wegweiser nach **Unterwilzingen**. Weil die Große Lauter hier einen großen Bogen macht, wandert man ebenfalls im weiten Rund bis zum nächsten Felsvorsprung, den die

Ruine Monsberg ziert. Sie war um 1200 errichtet und ebenfalls 1495 zerstört worden. Erhalten sind Reste der Kellergewölbe und der Umfassungsmauern.
Ein zweiter Bogen, wieder dem Trauf entlang, führt zur Ruine St. Ruprecht, von der allerdings kaum noch etwas erhalten ist. Von der Ruine schlängelt sich der Steig hinunter zur Großen Lauter, die hier ein breites Becken ausgeräumt hat. In ihm hat es sich das Dörfchen Unterwilzingen bequem gemacht. Unmittelbar im Süden des Dörfchens verengt sich das Tal der Großen Lauter erneut, so daß bis hinüber zur Laufenmühle kein einziges Haus Platz hatte. Wer bei der Laufenmühle noch überschüssige Kräfte für einen etwa 40 m hohen Anstieg hat, kann links der roten Raute folgen und über die Bergnase des Rotenay zum Ausgangspunkt zurückkehren. Auf dem Rotenay sind Reste einer keltischen *Wallanlage* erhalten. Sie bestand

**Das Tal der Großen Lauter ist auch im Winter reizvoll. Hier schweift der Blick von der Ruine Wartstein über das Tal.**

aus zwei Wällen mit Gräben, durch die der rund 300 m lange Bergsporn abgeriegelt worden war. Terrassenartige Einebnungen auf dem Bergsporn deuten auf ehemalige Hausstellen hin. Entsprechende Scherbenfunde bewiesen, daß die Häuser in der Bronzezeit errichtet worden waren.
Wer sich dagegen den Besuch in der Urgeschichte sparen möchte, bleibt ab der Laufenmühle dem Talboden der Großen Lauter treu und erreicht in wenigen Minuten den Ausgangspunkt beim WP am Eingang des Wolfstales.

# Informationen zur Tour

### Ausgangsort

Lauterach liegt wenig oberhalb der Mündung der Großen Lauter in die Donau. Der Wanderparkplatz findet sich knapp 1 km westlich von Lauterach an der Mündung des Wolfstales in das Tal der Großen Lauter.

### Anfahrt

Pkw: von Riedlingen 19 km, von Ehingen 12 km.

### Einkehrmöglichkeiten

Gasthöfe in Erbstetten und bei der Laufenmühle.

### Unterkünfte

Hotel Hirsch, 89597 Munderkingen, Tel. 0 73 93/9 50 10; Hotel Knebel, 89597 Munderkingen, Tel. 0 73 93/ 13 14; Hotel Adler, Hauptstraße 116, 89584 Ehingen, Tel. 0 73 91/80 43.
• Camping: Azur Camping, 72820 Erpfingen, Tel. 0 71 28/4 66.

### Information

Gemeindeverwaltung, 89584 Lauterach, Tel. 0 73 75/2 27.

### Karte

Topographische Karte 1: 50 000, Blatt 20, Sigmaringen/Ehingen.

**Die Dorfkirche von Erbstetten ist von außen schon markant. Im Inneren birgt sie lebensgroße Fresken der Apostel.**

# 17 Besuch bei Rulaman

**Tourenlänge**
14 km

**Durchschnittliche Gehzeit**
3 3/4 Std.

**Steigung**
100 m

**Etappen**
Wittlingen – Ruine Hohenwittlingen 1/2 Std. – Seeburg 1 1/2 Std. – Wittlingen 1 3/4 Std.

**Tourencharakter**
Die Rundtour um das Erms- und Fischburgtal zeichnet sich durch geringe Höhenunterschiede aus. Über die Hälfte des Weges verläuft im Talboden.

**Interessantes am Weg**
Ruine Hohenwittlingen, Schillerhöhle, Baldeck, Kirche in Seeburg, Kapuzinerfels.

**Wegmarkierung**
Wittlingen – Ruine Hohenwittlingen gelbe Raute; Ruine Hohenwittlingen – Seeburg gelber Dreiblock; Seeburg – Fischburgtal gelbes Dreieck; Fischburgtal – Wittlingen gelbe Raute.

## Von Wittlingen ins Erms- und Fischburgtal

Wittlingen ist ein uraltes Dorf aus alemannischer Zeit. Noch aus der Gotik stammt die *Dorfkirche*. Von ihr aus wendet man sich nach Westen, folgt der gelben Raute und kommt bald auf das schmale Sträßchen zum Hofgut Hohenwittlingen. Hier schrieb David Friedrich Weinland seinen 1878 erschienenen *Rulaman* – das ewig junge Buch über die Zeit des Höhlenmenschen und des Höhlenbären. Von ihm bekannte Theodor Heuss, daß er es für das beste deutsche Jugendbuch halte. Viele seiner Schauplätze finden sich in der Umgebung. Einer der wichtigsten ist die Schillerhöhle auf dem Weg zwischen dem Hofgut und der Ruine Hohenwittlingen. Die steinzeitliche Wohnhöhle ist im Sommer frei zugänglich, vom Herbst bis zum Frühjahr jedoch zum Schutz der Fledermäuse geschlossen.
Die Ruine Hohenwittlingen thront auf steilem Fels über der Mündung der Faitel in die Erms. Die Burg Hohenwittlingen war bereits im 11. Jh. errichtet worden, 1576 brannte sie aus. Heute hat man von den alten Mauern einen prächtigen Blick hinunter ins Ermstal.
Von der Ruine folgt man dem gelben Dreiblock immer der Hangkante entlang nach Süden. Dabei überraschen stets wieder schöne Aussichtspunkte und phantasievoll geformte Felsen

**Die Ruine Hohenwittlingen thront auf steilem Fels über dem Ermstal. Bewohnt war die Burg bis 1576.**

den Wanderer. Am Baldeck stand einst ebenfalls eine Burg, doch ist von ihr kaum noch etwas übrig geblieben. Vom alten Burgplatz schlängelt sich der Weg langsam talwärts bis hinunter zur B 465. Nach ihrer Querung hilft ein Holzsteg über die junge Erms, an deren linkem Ufer man dann entlang hinüber nach Seeburg wandert.
Das heute eher unscheinbare Seeburg ist uralter alemannischer Siedlungsboden. Bereits im 8. Jh. gab es hier nachweislich zwei Kirchen. Ab 1275 allerdings wurde nur noch die heutige *Pfarrkirche* weiter erhalten. Von dieser stammen die Apsis und Teile der Langhauswände noch aus romanischer Zeit. Die Fresken in der Apsis, mit Christus in der Mandorla umgeben von Evangelistensymbolen, wur-

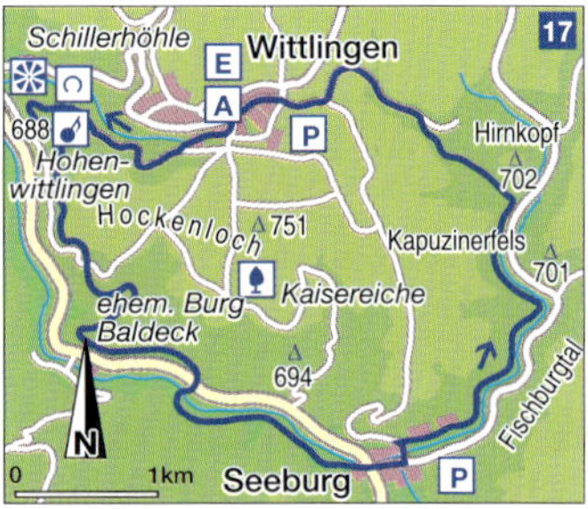

den Mitte des 13. Jh. gemalt. Die Fresken an der Apsiswand, mit Szenen aus der Geschichte des Täufers und das Gastmahl des Herodes, kamen Mitte des 14. Jh. dazu.

In Seeburg folgt man nicht der Straße nach Hengen, sondern dem mit gelbem Dreieck markierten Wanderweg auf der rechten Seite des Fischbaches. Vorbei an einigen markanten Felswänden steigt man langsam talauf, passiert den *Kapuziner-* und den *Engefels* und erreicht kurz darauf die nach links führende und mit gelber Raute gekennzeichnete Abzweigung nach Wittlingen. Stetig steigend erreicht man die Hochfläche. Durch freies Feld geht es vollends zurück zum Ausgangspunkt in Wittlingen.

## Informationen zur Tour

### Ausgangsort

Wittlingen liegt zwischen Bad Urach und Münsingen in 689 m Höhe auf der Hochfläche der Alb.

### Anfahrt

Pkw: von Münsingen 14 km, von Metzingen 18 km.

### Einkehrmöglichkeiten

Gasthöfe in Wittlingen und Seeburg.

### Unterkünfte

Hotel Hirschen, 79599 Wittlingen, Tel. 0 76 21/30 69; Hotel Vier Jahreszeiten, Stuttgarter Str. 5, 72574 Bad Urach, Tel. 0 71 25/9 43 40; Hotel Ratsstube, Kirchstr. 7, 72574 Bad Urach, Tel. 0 71 25/18 44.

• Camping: Campingplatz Pfählhof, 72574 Bad Urach, Tel. 0 71 25/80 98.

### Information

Kurverwaltung, 72574 Bad Urach, Tel. 0 71 25/9 43 20.

### Karte

Topographische Karte 1: 50 000, Blatt 18, Reutlingen/Bad Urach.

**Seeburg an der Mündung des Fischbaches wird dominiert von markanten Felswänden, die teilweise in bizarren Formen gipfeln.**

# 18 Wasserfälle über Bad Urach

**Tourenlänge**
11 km

**Durchschnittliche Gehzeit**
3 Std.

**Steigung**
300 m

**Etappen**
WP Maisental – Ruine Hohenurach 1 Std. – Uracher Wasserfall 1/2 Std. – Gütersteiner Wasserfall 1 Std. – WP Maisental 1/2 Std.

**Tourencharakter**
Durch die Anstiege über insgesamt 300 Höhenmeter wird die Wanderung etwas anspruchsvoller. Dafür erlebt man die traditionsreiche Ruine Hohenurach und die zwei schönsten Wasserfälle der Schwäbischen Alb.

**Interessantes am Weg**
Ruine Hohenurach, Uracher Wasserfall, Rutschenfelsen, Keltenburg auf dem Runden Berg, Gütersteiner Wasserfall.

**Wegmarkierung**
WP Maisental – Ruine Hohenurach blaues Dreieck, blaue Raute und roter Dreiblock; Ruine Hohenurach – Uracher Wasserfall roter Dreiblock und rotes Dreieck; Uracher Wasserfall – Gütersteiner Wasserfall roter Dreiblock; Gütersteiner Wasserfall – WP Maisental blaues Dreieck.

## Zum Uracher und Gütersteiner Wasserfall

Vom Wanderparkplatz im Maisental wandert man am Brühlbach entlang, bis der mit blauer Raute markierte Forstweg zur Kreuzhütte links abzweigt. Dieser Forstweg führt in den Sattel zwischen der Albhochfläche und dem vorgelagerten Burgberg von Hohenurach. Von diesem Sattel geht es noch einmal steil nach Norden hinauf zum eigentlichen Burgplatz, wo die Uracher Grafen Anfang des 12. Jh. ihre Stammburg errichtet hatten. Mitte des 13. Jh. dann gingen Burg und Stadt an die Württemberger Grafen über, die Mitte des 15. Jh. in der Talsiedlung Urach residierten. Zu Reichtum allerdings brachte es Urach erst, als 1660 die Leinwandhandelskompagnie gegründet wurde.
Blickt man von Hohenurach hinunter auf Bad Urach, erkennt man noch gut die von den Grafen von Württemberg planmäßig angelegte Altstadt. *Marktplatz*, *Stiftskirche* und *Schloß* sind gut auszumachen und verdienen am Ende der Wanderung einen Besuch. Im Schloß wird man dann den 1474 von Herzog Eberhard im Barte geschaffenen Goldenen Saal bewundern, dessen heutige Ausschmückung um

1609 fertiggestellt wurde. Die ehemalige Stiftskirche präsentiert sich als spätgotische Basilika mit überraschend reicher Innenausstattung. Auch der 1500 fertiggestellte Marktbrunnen vor dem stattlichen Fachwerkrathaus von 1562 weist auf Herzog

**Der Marktplatz von Bad Urach ist Zentrum der von den Grafen von Württemberg planmäßig angelegten Altstadt. Den Bau der aufwendigen Häuser erlaubte den Bürgern im 17. Jh. der Leinwandhandel.**

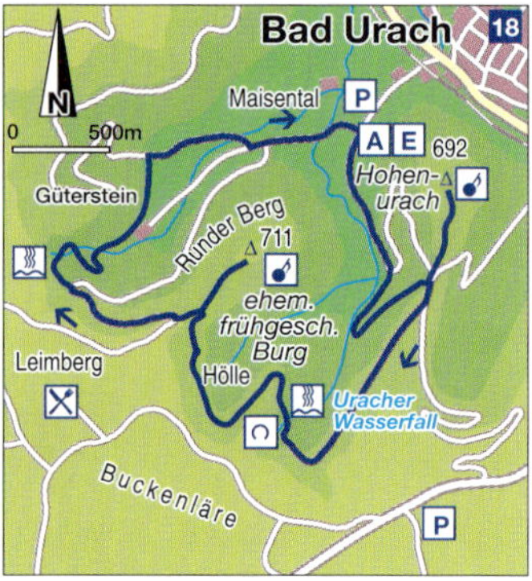


Eberhard hin, der diesen Brunnen gestiftet hat.
Von der Ruine Hohenurach steigt man südwärts wieder hinunter zur Kreuzhütte und folgt von dort dem mit rotem Dreieck markierten Forstweg hinüber zum **Uracher Wasserfall**. Er ist ein sogenannter »konstruktiver« Wasserfall, der seine Fallkante nicht abnagt, sondern sie immer weiter aufbaut. Dieser Aufbau entsteht durch die kontinuierliche Kalkausscheidung des Quellwassers. Das in 623 m Höhe mit einer Temperatur von 3° C austretende Wasser stürzt von einer 5 m vorragenden Nase 37 m in die Tiefe. Noch einmal 60 m fällt das Wasser dann über Kaskaden hinunter ins Brühltal. Neben der Kante des Wasserfalls zeugt auch die Hochwiese, eine vom Wasserfall gebildete Kalksinterterrasse, von der starken Kalkabsonderung.
Als nächstes Ziel nach dem Wasserfall lockt der rund 90 m hohe **Rutschenfelsen**. Hier ist die Felswand mit Spalten und rutschenden Felsblöcken durchsetzt, die »Hölle« ist ein Blockmeer aus heruntergestürzten Kalkbrocken.
Nach dem Rutschenfelsen kommt man auf einen Sattel, von dem aus man ohne Markierung einen Abstecher über den Rücken des **Runden Berges** machen kann. Sein 711 m hoher Gipfel war bereits in der Urnenfelderzeit, also zwischen 1000 und 800 v. Chr., besiedelt. Auch aus der römischen Kaiserzeit und aus der Zeit der Alemannen fanden sich Siedlungsspuren.
Immer dem roten Dreiblock folgend, kommt man verläßlich hinüber zum zweiten Wasserfall, dem **Gütersteiner Fall**. Er fällt im oberen Teil zwar nur etwa 10 m frei in die Tiefe, purzelt dann aber über mehrere moosbewachsene, bis zu 25 m breite Kalksinterterrassen insgesamt rund 60 Höhenmeter ins Tal.
Vom Gütersteiner Wasserfall aus brauchen wir lediglich noch der Markierung blaues Dreieck talwärts zu folgen, um zum Ausgangspunkt WP Maisental zurückzukommen.

# Informationen zur Tour

## Ausgangsort
Bad Urach liegt im hier tief eingeschnittenen Ermstal zwischen Metzingen und Münsingen. Der WP Maisental liegt am Westfuß des Uracher Burgberges.

## Anfahrt
Pkw: von Metzingen 11 km, von Münsingen 16 km.

## Einkehrmöglichkeiten
Nur Kiosk beim Uracher Wasserfall.

## Unterkünfte
Hotel Vier Jahreszeiten, Stuttgarter Str. 5, 72574 Bad Urach, Tel. 0 71 25/9 43 40; Hotel Ratsstube, Kirchstr. 7, 72574 Bad Urach, Tel. 0 71 25/18 44; Hotel Graf Eberhard, Bei den Thermen 2, 72574 Bad Urach, Tel. 0 71 25/14 80.
• Camping: Campingplatz Pfählhof, 72574 Bad Urach, Tel. 0 71 25/80 98.

## Information
Kurverwaltung, 72574 Bad Urach, Tel. 0 71 25/9 43 20.

## Karte
Topographische Karte 1: 50 000, Blatt 18, Reutlingen/Bad Urach.

**Daß die Grafen von Württemberg Urach im 15. Jh. zu ihrer Stadtresidenz erkoren hatten, läßt sich an den Resten der alten Stadtbefestigung ablesen.**

# 19 Hohenneuffen, Heidengraben und Hörnle

**Tourenlänge**
16 km

**Durchschnittliche Gehzeit**
4 1/2 Std.

**Steigung**
480 m

**Etappen**
Neuffen – Hohenneuffen 1 Std. – Heidengraben 1 Std. – Karlslinde 3/4 Std. – Sattelbogen 1 Std. – Neuffen 3/4 Std.

**Tourencharakter**
Insgesamt 480 Höhenmeter Anstieg wollen bewältigt werden, doch lohnt der lange Weg über den Albtrauf mit seinen zahlreichen Aussichtspunkten die Mühe überreich.

**Interessantes am Weg**
Altstadt von Neuffen, Ruine Hohenneuffen, Heidengraben, Karlslinde, Hörnle.

**Wegmarkierung**
Neuffen – Ruine Hohenneuffen – Wanderparkplatz östlich von Hohenneuffen blaues Dreieck; Wanderparkplatz östlich Hohenneuffen – Westrand des Segelflugplatzes rotes Dreieck; Segelflugplatz – Karlslinde – Hörnle – Neuffen blaues Dreieck.

## Über den Albtrauf um Neuffen

Beim Start im Zentrum von **Neuffen** beeindrucken die sehenswerten Fachwerkhäuser des alten Stadtkerns. Immerhin entstand das Städtchen bereits im 12. Jh. im Schutz der Burg Hohenneuffen und wurde bereits 1301 als Stadt genannt. Sehenswert sind heute das *Rathaus* aus dem 17. Jh. und die im 14. Jh. errichtete, gotische *Martinskirche*. In ihrem Chor findet sich ein Fresko des hl. Georg aus gotischer Zeit.
Vom Neuffener Zentrum aus folgt man der Albstraße ein kurzes Stück nach Süden, bis links die Schloßgasse abzweigt.
Nach einem Querweg beginnt die mit blauem Dreieck markierte Schloßstiege, die durch Weinberge zum Waldkegel der Ruine Hohenneuffen hinaufführt.
Die **Ruine Hohenneuffen** beeindruckt noch heute mit kolossalen Befestigungen, die teilweise unmittelbar aus dem gewachsenen Fels aufsteigen. Die erste Burg auf dem Hohenneuffen wurde bereits um 1100 errichtet. Stürmische Zeiten brachen 1235 an, als sich die Herren von Neuffen auf die Seite des aufrührerischen Kaisersohns Heinrich schlugen. Deshalb zerstörte der Stauferkaiser Friedrich II. die Burg. 1301 dann fielen die Herr-

schaft und die wieder aufgebaute Burg an Württemberg, das daraus bis 1801 die stärkste Landesfestung Württembergs machte. Heute trägt der Hohenneuffen die größte Ruine der Schwäbischen Alb.
Von der Burg wandert man in den östlich gelegenen Sattel hinunter, wo beim Wanderparkplatz der mit einem roten Dreieck gekennzeichnete Albtraufweg beginnt. Ihm folgt man zunächst bis zum Heidengraben.
Der **Heidengraben** ist eine durch starke Wälle und tiefe Gräben gesicherte Berghalbinsel, die die Kelten zur Festung ausgebaut hatten. Ihre noch heute bis zu 3 m hohen, wuchtigen Wälle und kilometerlangen Gräben vermitteln ein eindrucksvolles Bild von der frühen Leistungsfähigkeit der Kelten. Das zugehörige Oppidum wurde um 100 v. Ch. erbaut und bestand aus einer stadtähnlichen Siedlung, die Handelsbeziehungen bis in den Mittelmeerraum hinunter pflegte. Warum die Siedlung noch vor der Zeitenwende wieder aufgegeben wurde, konnte bis heute nicht geklärt werden. Vermutlich war es aber einfach der chronische Wassermangel.
Vom Heidengraben aus folgen wir weiter dem Albtraufweg bis zum Westrand des Segelfluggeländes. Von dort führt die Markierung blaues Dreieck über

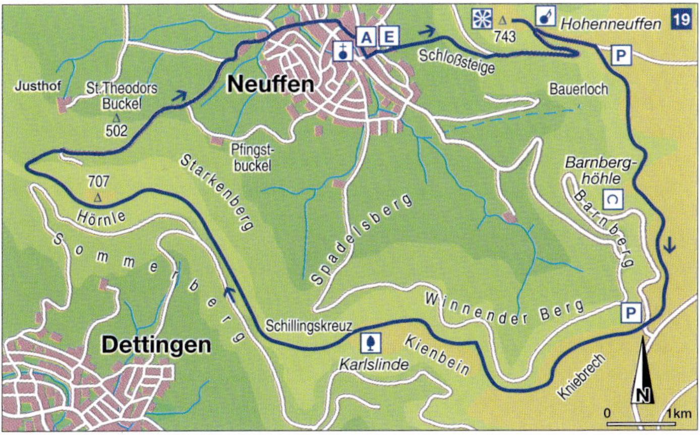

**Die Ruine Hohenneuffen beeindruckt noch heute mit ihren kolossalen Befestigungsmauern.**

das Kienbein hinüber zur Karlslinde und zum Schillingskreuz. Von hier aus könnte man direkt nordwärts nach Neuffen hinunter wandern. Sehr viel schöner aber ist es, auf der Höhe zu bleiben und über den schmalen Rücken zum 707 m hohen Hörnle hinüber zu wandern. Zwar ist seine Nordhälfte von einem Zementwerk stark angeknabbert, doch ist die Überschreitung des Hörnle mit seiner prächtigen Aussicht nach allen Seiten den Weg allemal wert. Vom Sattelbogen im Westen des Hörnle geht es schließlich der Markierung blaues Dreieck entlang zurück nach Neuffen.

## Informationen zur Tour

### Ausgangsort

Neuffen liegt im Zentrum eines riesigen, vom Albtrauf gebildeteten Hufeisens südlich von Nürtingen.

### Anfahrt

Pkw: von Nürtingen 10 km, von Münsingen 30 km.

### Einkehrmöglichkeiten

Gasthäuser in Neuffen und auf der Ruine Hohenneuffen.

### Unterkünfte

Hotel Traube, Hauptstr. 24, 72639 Neuffen, Tel. 0 70 25/9 20 90; Hotel Hartmann, Oberer Graben 2a, 72639 Neuffen, Tel. 0 70 25/27 54; Gasthof Löwen, Metzinger Str. 20, 72581 Dettingen, Tel. 0 71 23/7 12 86.
• Camping: Campingplatz Pfählhof, 72574 Bad Urach, 07125/80 98.

### Information

Bürgermeisteramt, 72639 Neuffen, Tel. 0 70 25/10 60.

### Karte

Topographische Karte 1: 50 000, Blatt 18, Reutlingen/Bad Urach.

# 20 Zu den Hexen auf der Teck

**Tourenlänge**
12 km

**Durchschnittliche Gehzeit**
4 Std.

**Steigung**
510 m

**Etappen**
Bissingen – Burg Teck 1 1/4 Std. – Sattelbogen 3/4 Std. – Spitziger Fels 1 Std. – Bissingen 1 Std.

**Tourencharakter**
Die Überschreitung des Teckberges und der Anstieg zum Spitzigen Felsen bedeuten insgesamt 510 Höhenmeter An- und Abstieg. Etwas Kondition wäre also kein Nachteil.

**Interessantes am Weg**
Ruine Teck, Sibyllenhöhle, Gelber Fels, Veronikahöhle, Ruine Rauber, Spitziger Fels.

**Wegmarkierung**
Bissingen – Ruine Teck blaues Dreieck; Burg Teck – Sattelbogen – Spitziger Fels rotes Dreieck; Spitziger Fels – Talboden Gießnaubach ohne Markierung; Talboden Gießnaubach – Bissingen blaues Dreieck.

## Von Bissingen über die Teck zum Spitzigen Fels

Vom Bissinger Ortszentrum mit der spätgotischen Pfarrkirche wandert man zunächst taleinwärts bis kurz hinter den südlichen Ortsrand, wo der mit blauem Dreieck markierte Steig zur Teck hinauf abzweigt. Durch die Wiesenhänge führt der Weg zügig hinauf zum Waldrand, quert kurz darauf den Fahrweg zur Teck und steigt den nun steileren Hang diagonal hinauf, bis er dort erneut auf den Fahrweg trifft. Er führt das letzte Stück bis zur Burg.

Die **Burg Teck** hatten die Zähringer im 12. Jh. als Krönung des gestreckten Tafelberges vor der eigentlichen Albhochfläche errichtet. Ab 1187 nannten sich die Herren dann »von Teck«. Anfang des 14. Jh. fiel die Burg an die Habsburger, die sie bis ins 15. Jh. hinein zielstrebig ausbauten. Gebrochen wurde die Burg im Bauernkrieg des Jahres 1525. Einen Neuanfang gab es 1736, als Herzog Karl Alexander den Ausbau zur Festung befahl. Vollendet wurde davon allerdings nicht allzu viel. Was heute auf der Teck steht, stammt von 1889 (Turm) sowie 1933 und 1955 (Wanderheim). Vom Turm bietet sich dafür eine Aussicht, die an klaren Tagen bis

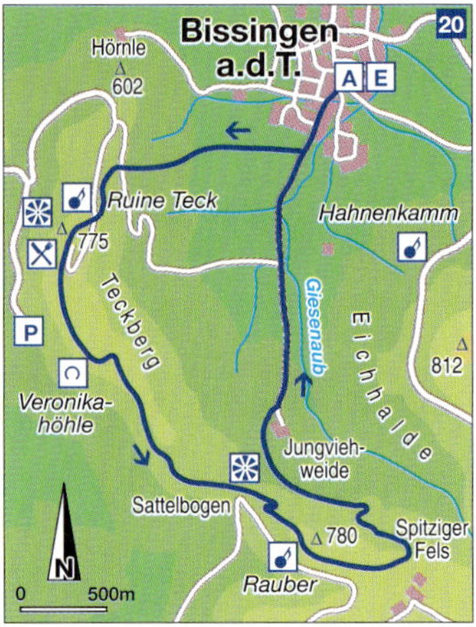


zum Schwarzwald und zu den Alpen reicht.

In der knapp 23 m langen **Sibyllenhöhle** unterhalb der Teck hauste die weise Sibylle, die den Bauern im Tal zu reichem Erntesegen verhalf. Allerdings hatte sie auch drei Söhne, die als Raubritter auf den Burgen Rauber, Diepoldsburg und Wielandstein hausten. Weil sie die wilden Herren nicht mehr zähmen konnte, entschwand Sibylle eines Nachts in einem von Katzen gezogenen, glühenden Wagen quer über das Lautertal. Als letzten Liebesdienst ließ sie die Erde dort, wo die Wagenräder den Boden berührten, besonders fruchtbar werden. Diese »Sibyllenspur« quer durch das Lautertal entpuppte sich als Verteidigungswall, den die Römer im 2. Jh. n.Chr. angelegt hatten.

Von der Teck geht es auf dem Wanderweg weiter über den Rücken des Teckberges südwärts bis zum **Gelben Fels**. Dieser Aussichtspunkt erhielt seinen Namen von dem im Fels enthaltenen Lehmeinschlüssen, die im Abendlicht weithin gelb leuchten. Am Fuß des Felsens liegt die **Veronikahöhle**, in der die zweite Hexe der Teck hauste. Veronika Beutlin verführte einen verheirateten Mann und bekam von ihm mehrere Kinder, mit denen sie in der Höhle hauste. Nach bekannter Christenmanier wurden die Kinder ins Tal geholt und getauft, die Frau aber als Hexe verbrannt.

Der weitere Abstieg über den südlichen Rücken des Teckberges führt hinunter zum **Sattelbogen**, von dem aus man auf markiertem Steig (blaues Dreieck) direkt nach Bissingen absteigen kann. Weitaus schöner allerdings ist es, auch noch den gegenüber liegenden Rücken zu erklimmen und zur **Ruine Rauber** hinaufzusteigen. Die Burg Rauber wurde im 12. Jh. von den Herren der Teck gebaut und taucht 1210 als Diepoldsburg in den Urkunden auf. Auf der Hochfläche wurde um 1400 die zugehörige obere **Diepoldsburg** gebaut. Die untere heißt seit der Zerstörung im 16. Jh. nur noch Ruine Rauber. Im Südosten der Ruine Rauber erreichen wir bald den eigentlichen Albtrauf und den Spitzigen Felsen. Von ihm aus führt ein unmarkierter Steig direkt in den Wald hinunter. Er mündet beim unteren Waldrand auf einen Holzweg, über den man zur Bissinger Jungviehweide und zurück nach Bissingen kommt.

# Informationen zur Tour

### Ausgangsort
Bissingen liegt am Ostfuß der Teck, im Tal des Gießnaubaches und im Süden von Kirchheim.

### Anfahrt
Pkw: von der Autobahnausfahrt Kirchheim-Ost 6 km.

### Einkehrmöglichkeiten
Auf der Burg Teck.

### Unterkünfte
Wanderheim Burg Teck, 73277 Owen/Teck, Tel. 0 70 21/5 52 08; Hotel Krone, 73266 Ochsenwang, Tel. 0 70 23/9 51 30; Hotel Rößle, 73265 Dettingen/Teck, Tel. 0 70 21/9 84 90.
• Camping: Alb-Camping, 72589 Westerheim, Tel. 0 73 33/61 97.

### Information
Bürgermeisteramt, 73266 Bissingen/Teck, Tel. 0 70 23/90 00 00.

### Karte
Topographische Karte 1: 50 000, Blatt 18, Reutlingen/Bad Urach.

**Das Rathaus von Bissingen unter Teck stammt mit seinen prächtigen Säulen aus Holz noch aus der Spätgotik.**

# 21 Zur Burg des Riesen Heim

**Tourenlänge**
12 km

**Durchschnittliche Gehzeit**
3 3/4 Std.

**Steigung**
70 m

**Etappen**
WP Reußenstein – Ruine Reußenstein 1/4 Std. – Randecker Maar 1 1/4 Std. – Kreuzstein 1/2 Std. – WP Reußenstein 1 1/4 Std.

**Tourencharakter**
Da die gesamte Wanderung nur dem Albtrauf entlang und über die Hochfläche führt, verlangt sie keinerlei besonderen Anstrengungen.

**Interessantes am Weg**
Ruine Reußenstein, Heimenstein, Randecker Maar, Torfgrube, Oberreute.

**Wegmarkierung**
WP Reußenstein – Ruine Reußenstein – Heimenstein – Randecker Maar rotes Dreieck; Randecker Maar – Kreuzstein – Oberreute rote Raute; Oberreute – Bahnhöfle ohne Markierung; Bahnhöfle – WP Reußenstein rotes Dreieck.

## Vom Reußenstein zum Randecker Maar und zur Torfgrube

Vom Parkplatz an der Kreisstraße nach Schopfloch führt ein breit getretener Weg am Albtrauf entlang nach Westen zur Ruine Reußenstein. Die überaus malerisch wirkende Ruine steht unmittelbar auf senkrecht abfallendem Fels. Dieser Eindruck wird noch dadurch verstärkt, daß die gesamte alte Bausubstanz aus Kalkbruchsteinen erbaut wurde. Deshalb gibt es farblich keinen Unterschied zwischen Fels und Mauern, die Übergänge verwischen sich völlig. Erbaut wurde die Burg im 13. Jh., urkundlich ist sie erstmals 1311 als Sitz der Reußen vom Reußenstein genannt. Aus dieser Zeit stammt der Bergfried. Palas und Vorwerk wurden im 15. Jh. errichtet. Glaubt man jedoch der Sage, dann entstand die Burg im Auftrag des Riesen Heim. Der hauste auf dem gegenüberliegenden Heimenstein, bewachte einen Schatz und ließ die Burg von Handwerkern aus dem Tal gegen reichen Lohn bauen. Die senkrechten Felswände in der Umgebung des Reußenstein sind übrigens beliebte Kletterfelsen. An schönen Tagen kann man den Kletterern unmittelbar auf die Finger schauen.
Von der Ruine folgt man dem mit einem roten Dreieck markierten Albnordrandweg zunächst südwärts bis zum Wegestern am Bahnhöfle. Hier geht es dem Albtrauf entlang nach Norden,

Die Ruine Reußenstein steht auf einem ausgesetzten Felsen am Albtrauf und öffnet einen weiten Blick ins Albvorland.

und man erreicht kurz darauf den Heimenstein. Er ist nur einer von vielen herrlichen Felsen, die hier den Albtrauf zieren, und bietet einen prächtigen Blick hinüber zur Ruine Reußenstein. Wenig unterhalb des Gipfels soll der Sage nach der Riese Heim gehaust und seinen Schatz bewacht haben.
Auch vom Heimenstein aus folgen wir weiter dem Albnordrandweg bis zur Kreuzung an der Landstraße. Von hier aus sehen wir das berühmte Randecker Maar, das einen imposanten Beweis für den Vulkanismus an der Alb darstellt, unmittelbar vor uns liegen. Es hat einen Durchmesser von 1,2 km und eine Tiefe von 60 m. Der von einer vulkanischen Gasexplosion geschaffene Krater war ursprünglich mit einem See gefüllt, der zur Donau entwässerte. Erst durch das Zurückweichen des Albtraufs wurde der nördliche Kraterrand abgeknabbert, so daß der See auslief und das Maar nun nach Norden entwässert.
An der Kreuzung leitet uns die Markierung rote Raute zunächst einige 100 Meter auf der Landstraße nach links (Süden) und führt uns dann halbrechts zur Torfgrube, das einzige Hochmoor auf der verkarsteten Alb. Entstanden ist es ebenfalls in einem Vulkankrater. Der darin gefangene See verlandete, bil-

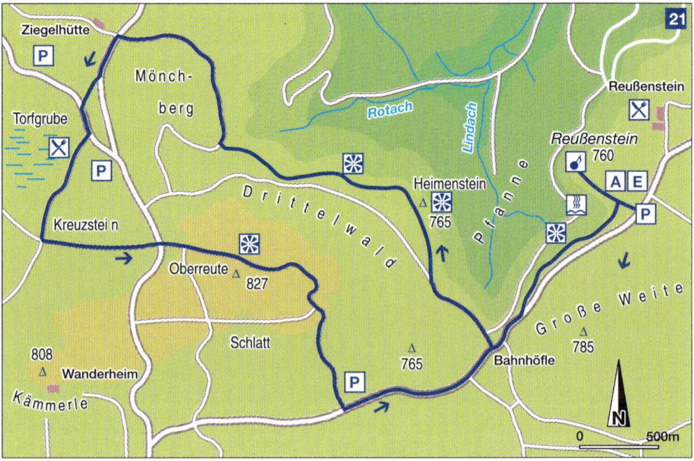

dete zunächst ein Niedermoor, aus dem sich mit der Zeit ein Hochmoor entwickelte.
Am Südrand der Torfgrube schwenkt man beim Kreuzstein nach links (Osten), überquert erneut die Landstraße und überschreitet der prächtigen Rundsicht zu Liebe den 827 m hohen Kegel von Oberreute. Danach folgt man dem Waldrand bis zur Kreisstraße, über die man nach links zurück zum Bahnhöfle kommt. Ab hier geht es auf bekanntem Weg zurück zum WP Reußenstein.

**Die senkrechten Felsen neben der Ruine Reußenstein sind für die Kletterer attraktive Ziele.**

# Informationen zur Tour

### Ausgangsort

Der WP Reußenstein liegt an der Kreisstraße von Neidlingen nach Schopfloch.

### Anfahrt

Pkw: von der Autobahnausfahrt Aichelberg 16 km.

### Einkehrmöglichkeiten

Bei der Torfgrube.

### Unterkünfte

Hotel Krone, 73266 Ochsenwang, Tel. 0 70 23/9 51 30; Hotel Am Selteltor, Westerheimer Str. 3, 73349 Wiesensteig, Tel. 0 73 35/18 30; Gasthof Löwen, Hauptstr. 15, 73349 Wiesensteig, Tel. 0 73 35/51 61.
• Camping: Alb-Camping, 72589 Westerheim, Tel. 0 73 33/61 97.

### Information

Städtisches Verkehrsamt, 73349 Wiesensteig, Tel. 0 73 35/50 41.

### Karte

Topographische Karte 1: 50 000, Blatt 18, Reutlingen/Bad Urach.

# 22 Über dem Tal der Urdonau

**Tourenlänge**
9 km

**Durchschnittliche Gehzeit**
2 3/4 Std.

**Steigung**
200 m

**Etappen**
Schelklingen – Ruine Hohenschelklingen – Hausen 1 1/4 Std. – Urspring 3/4 Std. – Schelklingen 3/4 Std.

**Tourencharakter**
Die Umrundung des schönsten Umlaufberges der Schwäbischen Alb ist eine einfache Wanderung mit relativ geringen Höhenunterschieden.

**Interessantes am Weg**
Kapelle St. Afra in Schelklingen, Ruine Hohenschelklingen, Urspringquelle, Achursprung, Lützelberg.

**Wegmarkierung**
Schelklingen – Ruine Hohenschelklingen – Schloßberg rotes Dreieck; Schloßberg – Hausen ohne Markierung; Hausen – Wegespinne Breisental rote Raute; Wegespinne – Urspring – Schelklingen rotes Dreieck.

## Von Schelklingen zur Urspringquelle und zum Achursprung

In der **Schelklinger Altstadt** stehen wir nicht nur im Bett der Urdonau, sondern auch sonst auf historischem Boden. Immerhin wurde im Stadtzentrum ein alemannisches *Gräberfeld* freigelegt, ein Beweis dafür, daß es hier früh eine Siedlung gab. Im 12. Jh. war Schelklingen Stadt und gehörte den Grafen von Ehingen. Von 1343 bis 1805 regierten die Österreicher, erst danach die Württemberger. Wer sich für Frühgeschichte interessiert, sollte das *Heimatmuseum* in der Marktstraße besuchen. Dort ist all das gesammelt, was in den Höhlen der Urdonau an Zeugnissen der Steinzeitmenschen gefunden wurde.
Nicht ganz so alt ist die Kapelle *St. Afra* im alten, noch befestigten Friedhof. Sie entstand um 1300 und enthält noch aus dieser Zeit einen umfangreichen Freskenzyklus mit Szenen aus der Heilsgeschichte sowie aus dem Leben verschiedener Heiliger.
Vom Parkplatz gegenüber der Stadthalle (Wegweiser) wandert man zügig bergwärts. Erstes Ziel ist die knapp 100 Höhenmeter über dem Talboden gelegene **Ruine Hohenschelklingen**. Sie geht auf eine im 11. Jh. errichtete Burg zurück, die nach wechselvoller Geschichte ab dem 17. Jh. verfiel. Bis heute erhalten sind Teile des Vorwerks, einzelne Mauerzüge und der Bergfried. Im Inneren des teilweise restaurier-

ten Turmes kann man sich einer etwas wackligen Treppe anvertrauen und sich oben den ersten Überblick über die Schelklinger Schlinge der Urdonau und den Lützelberg als dazugehörenden Umlaufberg verschaffen.
In der Phantasie braucht man sich dann nur noch rund 200 000 Jahre zurückzuversetzen, dann wäre der Talboden mit der Donau gefüllt. Sie floß damals von Ehingen über Schelklingen und Blaubeuren nach Ulm, also das heutige Schmiechtal aufwärts und das Blautal abwärts. Östlich von Schelklingen entstand mit der Zeit ein Hebungsgebiet, das die Donau zu weiten Mäanderschlingen verleitete und später weit nach Süden abdrängte. Mit dem Ausbleiben der Donau erhielten die Urspringquelle und der Achursprung eine völlig neue Bedeutung als eigenständige Quellen. Beides sind Karstquellen mit großem Einzugsgebiet im Norden und Nordwesten.
Von der Ruine Hohenschelklingen führt der markierte Wanderweg hinauf zum 685 m hohen **Schloßberg** und ab hier nach Nordwesten über einen unmarkierten Waldweg zum Waldrand, von dem aus man bereits das Dörfchen Hausen auf der Hochfläche sieht. In **Hausen** folgt man zunächst der Landstraße Richtung Justingen bis zum Südrand des

Dorfes. Ab der Straßengabelung führt die Markierung rote Raute genau nach Süden gegen den Waldrand. Dem ersten Querweg folgt man nach rechts, bis man auf einen wieder nach Süden führenden Fahrweg einschwenken kann. Kurz darauf erreicht man eine Wegespinne, auf der links der mit rotem Dreieck markierte Wanderweg beginnt, der über die Klosterhalde zum ehemaligen **Kloster Urspring** hinunter führt.
Die *Ulrichskirche* an der **Urspringquelle** gab es bereits 1127. Im 14. Jh. kam zur Kirche ein Benediktinerinnenpriorat. Die heutige Kirche ist eine 1627 fertiggestellte Wandpfeileranlage. Die Urspringquelle ist eine Karstquelle, die einen schwemmfächerförmigen Hügel aus Kalksinter gebildet hat. Ihr Einzugsgebiet reicht bis hinauf nach Münsingen.
Vom ehemaligen Kloster Urspring

**Das ehemalige Kloster Urspring gab es bereits 1127. Heute beherbergen die alten Mauern eine Schule.**

wandern wir unter dem Südwesthang des Lützelberges über den Fahrweg talauswärts. Am Fuß des Gegenhanges versteckt sich der Achursprung, die zweite Karstquelle in der Schelklinger Schlinge. Sie bildet einen Quelltopf ähnlich wie der Blautopf (siehe Tour 23) und schimmert auch wie dieser in geheimnisvollen Farben. Sein Wasser stammt zum größten Teil aus der Schmiechversickerung im oberen Schmiechtal bei Teuringshofen. Ursprünglich gab es am Quelltopf die Dreikönigsmühle, aus der heute eine Pumpstation für die Wasserversorgung wurde. Um den Lützelberg herum geht es schließlich zurück in die Altstadt von Schelklingen.

## Informationen zur Tour

### Ausgangsort

Schelklingen liegt im Tal der Urdonau zwischen Ehingen und Blaubeuren.

### Anfahrt

Pkw: von Ehingen 14 km, von Ulm 25 km; DB: von Sigmaringen und Ulm.

### Einkehrmöglichkeiten

Gasthöfe in Schelklingen und Hausen.

### Unterkünfte

Gasthof Sonne, 89601 Schelklingen, Tel. 0 73 94/10 03; Gasthof Rößle, 89601 Hausen, Tel. 0 73 94/5 21; Gasthof Sonne, 89601 Hausen, Tel. 0 73 94/4 76.

• Camping: Heidehof-Camping, 89150 Laichingen, Tel. 0 73 33/64 08.

### Information

Verkehrsamt, 89601 Schelklingen, Tel. 0 73 94/2 48 28.

### Karte

Topographische Karte 1: 50 000, Blatt 18, Reutlingen/Bad Urach.

# 23 Im Reich der Schö-nen Lau

**Tourenlänge**
10 km

**Durchschnittliche Gehzeit**
3 Std.

**Steigung**
330 m
Ausgangsort: Bhf Blaubeuren

**Etappen**
Bahnhof Blaubeuren – Ruine Günzelburg $^{3}/_{4}$ Std. – Blautopf $^{3}/_{4}$ Std. – Abzweigung Sonderbuch $^{3}/_{4}$ Std. – Bahnhof Blaubeuren $^{3}/_{4}$ Std.

**Tourencharakter**
Der zweimalige Anstieg aus dem Tal der Blau auf die Hochfläche verlangt etwas Kondition, führt dafür aber auch zu besonders schönen Felsformationen und natürlich zum sagenumwobenen Blautopf.

**Interessantes am Weg**
Brillenhöhle, Felsenlabyrinth, Ruine Günzelburg, ehemalige Klosterkirche Blaubeuren, Blautopf, Knoblauchfelsen, Ruine Rusenschloß.

**Wegmarkierung**
Bahnhof Blaubeuren – Ruine Günzelburg rotes Dreieck; Ruine Günzelburg – Blautopf – Blauberg gelber Dreiblock; Blauberg – Abzweigung Sonderbuch roter Dreiblock; Abzweigung Sonderbuch – Bahnhof Blaubeuren rote Raute.

## Von Blaubeuren über die Prallhänge der Urdonau

Vom Bahnhof Blaubeuren aus quert man die B 492 und nimmt vor dem Lagerhaus an der Weiler Straße den mit rotem Dreieck markierten Hauptwanderweg des Schwäbischen Albvereins. Nach kaum 10 Minuten zweigt rechts unter einem mächtigen Felsen ein kleiner, unbezeichneter Steig ab, der zum Eingang der **Brillenhöhle** führt. Sie verdankt ihren Namen zwei nebeneinander liegenden Öffnungen im Dach der Höhle. In der Höhle selbst fanden sich steinzeitliche Knochenreste. Der Wanderweg quert anschließend das **Felsenlabyrinth** mit so schönen Felsformationen wie etwa der Küssenden Sau, bei der zwei malerische Felsen eine Naturbrücke bilden. Die **Günzelburg** entpuppt sich als kleines Felsplateau an der Oberkante des Talhanges. Hier hatten ursprünglich die Grafen von Schmiechen ihren Stammsitz. Von hier öffnet sich ein guter Blick auf die gegenüberliegende Felsformation des **Geißenklösterle**. Dort wurden in einer etwa 30 000 Jahre alten Bodenschicht gut 100 winzige Mammutelfenbeinstückchen gefunden. Zusammengesetzt ergaben sie ein Figürchen. Auch ein bemalter Stein konnte dort entdeckt

werden, der mit seinen 37 000 Jahren die bisher älteste Höhlenmalerei Europas darstellt.
Ab der Ruine Günzelburg orientieren wir uns mit dem gelben Dreiblock nach Osten und steigen in steilen Serpentinen zur Altstadt von Blaubeuren, zum ehemaligen Kloster und zum Blautopf hinunter. Das **Benediktinerkloster Blaubeuren** wurde im 11. Jh. gegründet und im 15. Jh. zum heutigen Umfang ausgebaut. Sein Schmuckstück ist die von 1491 bis 1499 erbaute *Klosterkirche*, die mit zahlreichen Werken der Ulmer Schule ausgestattet ist, wobei der 1493 vollendete Hochaltar das weltberühmte Prachtstück darstellt. Aus dem gleichen Jahr stammt das kunstvoll geschnitzte Chorgestühl. Reizvoll sind auch der mit reichen Rippennetzen verzierte Kreuzgang und der zweischiffige Kapitelsaal von 1481.
Der **Blautopf** ist allen Romantikern spätestens seit Mörikes Märchen von der Schönen Lau ein Begriff. Glaubt man diesem Märchen, steht der Blautopf in direkter Verbindung mit dem Schwarzen Meer, und die Schöne Lau war die Gemahlin des Nixenkönigs von der Donaumündung. Aber auch wer nicht an die schöne Lau glaubt, der muß immerhin akzeptieren, daß es unter dem Blautopf tatsächlich ein riesiges System unterirdischer Kammern und Höhlen gibt. Es dürfte das größte zusammenhängende *Höhlensystem* ganz Deutschlands sein, das vermutlich sogar bis zum Rand der Alpen reicht.
Vom Blautopf aus steigt man wieder den Hang hinauf und erreicht beim Blauberg die Oberkante des Prallhanges der Urdonau. Dieser Hangkante folgt man nun und umrundet damit die gesamte alte Donauschlinge. Am Südrand passiert man dabei den markanten **Knoblauchfelsen** und kurz vor dem endgültigen Abstieg ins Tal die **Ruine Rusenschloß**. Ihre Anfänge reichen zurück ins 11. Jh., später residierten hier die Herren von Helfenstein. In der großen Grotte unterhalb der Ruine hatten es sich schon die steinzeitlichen Jäger bequem gemacht.
Zurück im Talboden, wandern wir auf der Nordseite der Bahn entlang wieder zum Bahnhof Blaubeuren. Bleibt dann noch

Zeit, sollte sie zu einem Besuch des *Urgeschichtlichen Museums* in der Karlstraße 2 genutzt werden. Dort ist alles Interessante zu entdecken, was an der Urdonau aus vorgeschichtlicher Zeit gefunden wurde.

## Informationen zur Tour

### Ausgangsort
Blaubeuren liegt zwischen Ehingen und Ulm im Tal der Urdonau, durch das heute Ach und Blau fließen.

### Anfahrt
Pkw: von Ulm 20 km;
DB: von Sigmaringen und Ulm.

### Einkehrmöglichkeiten
Gasthöfe in Blaubeuren.

### Öffnungszeiten
Urgeschichtliches Museum: April – Oktober tägl. außer Montag 10 – 17 Uhr; November – März nur Sonntag.

### Unterkünfte
Hotel Adler, Karlstr. 8, 89143 Blaubeuren, Tel. 0 73 44/50 27; Hotel Löwen, Marktstr. 1, 89143 Blaubeuren, Tel. 0 73 44/9 66 60; Hotel König Karl, 89143 Blaubeuren, Tel. 0 73 44/77 04.
• Camping: Heidehof-Camping, 89150 Laichingen, Tel. 0 73 33/64 08.

### Information
Fremdenverkehrsbüro, 89143 Blaubeuren, Tel. 0 73 44/92 10 25.

### Karte
Topographische Karte 1: 50 000, Blatt 19, Ulm/Blaubeuren.

**Die Klosterkirche von Blaubeuren wurde 1499 vollendet, ihr kostbarer Hochaltar stammt von 1493.**

# 24 Panoramaweg über der Fils

**Tourenlänge**
14 km

**Durchschnittliche Gehzeit**
3 1/2 Std.

**Steigung**
260 m

**Etappen**
Deggingen – Buschelkapelle 1 1/4 Std. – Ruine Hiltenburg 1 1/4 Std. – Deggingen 1 Std.

**Tourencharakter**
Der Anstieg aus dem Filstal auf die Albhochfläche verteilt sich auf eine längere Strecke, auch der Abstieg hinunter nach Bad Ditzenbach ist nicht zu steil. Der Rest des Weges ist eben, so daß sich die Anforderungen in Grenzen halten.

**Interessantes am Weg**
Pfarrkirche Deggingen, Wallfahrtskirche Ave Maria, Buschelkapelle, Oberbergfels, Ruine Hiltenburg.

**Wegmarkierung**
Deggingen – Albtrauf rote Raute; Albtraufweg roter Dreiblock; Albtrauf – Bad Ditzenbach rote Raute; Bad Ditzenbach – Deggingen ohne Markierung.

## Von Deggingen über den Albtrauf nach Bad Ditzenbach

Ausgangspunkt ist die Pfarrkirche in Deggingen mit ihrem gotischen Turm aus dem 14. Jh. und ihrem 1700 fertiggestellten Schiff. Großartig gelungen ist der triumphbogenartig gestaltete Hochaltar mit einer Darstellung der Kreuzigung, über der Gottvater mit den himmlischen Heerscharen thront.
Von der Kirche aus wandert man der Markierung rote Raute und dem Wegweiser »Kloster Ave Maria« zum östlichen Ortsrand von Deggingen und, den Kreuzweg-Stationen folgend, hinauf zur malerisch gelegenen Wallfahrtskirche Ave Maria. Hier gab es schon im 13. Jh. eine Marienwallfahrt, nachdem an diesem Platz der Legende nach im Dezember ein Rosenbusch blühte, der auf seinen Blättern die Worte »Ave Maria« trug. Die heutige Wallfahrtskirche wurde 1718 fertiggestellt und präsentiert sich von außen mit einer interessanten, umlaufenden Pilasterordnung. Im Inneren beeindruckt vor allem das prächtige Altarwerk mit einem Baldachinaufbau aus weißem Stuck. Dieser üppige Rahmen umschließt das Gnadenbild einer geschnitzten Muttergottes aus der Zeit um 1500. Gefertigt wurde der Altar von der

**Von der Buschelkapelle, einem besonders schönen Aussichtspunkt am Albtrauf, schweift der Blick über Bad Ditzenbach und das Albvorland.**

Degginger Bildhauerfamilie Schweizer bis etwa 1730. Die beiden Nebenaltäre enthalten Gemälde von Martin van Valkenborch aus der Zeit um 1560.
Von der Wallfahrtskirche führt die Markierung rote Raute langsam, aber stetig den Hang schräg hinauf zum Albtrauf und zu dem mit rotem Dreiblock markierten Albtraufweg. Ihm folgt man nach rechts zum **Kilianskreuz**, dem ersten richtigen Aussichtspunkt. Von hier aus öffnet sich ein ungehinderter Blick hinunter zur Wallfahrtskirche Ave Maria und nach Deggingen.
Auch nach dem Kilianskreuz bleibt man dem Albtraufweg treu. Nächstes Ziel und nächster Aussichtspunkt ist die **Buschelkapelle** genau oberhalb von Deggingen. An dieser Felsnase gab es einst eine Burg, von der jedoch nichts erhalten geblieben ist. Lediglich der alte Burggraben vor dem eigentlichen Bergvorsprung ist noch deutlich zu erkennen. Dafür bietet die Gaststätte *Burgruine* eine Einkehrmöglichkeit.
Von der Buschelkapelle geht es gemütlich dem Albtrauf entlang weiter nach Westen zum **Obergfelsen**. Er präsentiert sich als prächtige Felskanzel, zu deren Füßen Bad Ditzenbach liegt. Nach Südwesten sieht man hinüber zum gegenüberliegenden Schloßberg mit der Ruine Hiltenburg, über die man schließlich nach Bad Ditzenbach absteigt. Zunächst aber gilt es, den großen Kessel im Süden von Bad Ditzenbach auf dem Albtraufweg zu umrunden. Auf der Höhe des Schloßberges zweigt rechts der Steig mit der Markierung rote Raute vom Albtraufweg ab. Ihm

**Die Wallfahrtskirche Ave Maria in Deggingen geht auf das 13. Jh. zurück. Das Gnadenbild hat einen prächtigen barocken Rahmen.**

folgt man über die Schulter hinunter in den Sattel und hinüber zur Ruine Hiltenburg auf dem *Schloßberg*. Die Hiltenburg war im 13. Jh. von den Herren von Helfenstein errichtet worden. Nach der Umrundung des Schloßberges trifft man auf seiner Nordseite auf einen Fahrweg, der direkt nach Bad Ditzenbach hinunterführt. Für den Rückweg nach Deggingen gibt es auf der rechten Seite der Fils einen unmarkierten Fußweg.

# Informationen zur Tour

## Ausgangsort

Deggingen liegt im Filstal zwischen Wiesensteig und Geislingen. Bis 1627 war es Besitz der Herren von Helfenstein, danach gehörte es bis 1806 zu Bayern.

## Anfahrt

Pkw: von Geislingen 12 km, von der Autobahnausfahrt Mühlhausen 6 km.

## Einkehrmöglichkeiten

Gasthöfe in Deggingen und Bad Ditzenbach sowie in der Gaststätte Burgruine bei der Buschelkapelle.

## Unterkünfte

Kurhotel Sanct Bernhard, Sonnenbühl 1, 73342 Bad Ditzenbach, Tel. 0 73 34/9 64 10; Bad-Hotel, Badstr. 12, 73337 Bad Überkingen, Tel. 0 73 31/30 20; Golfhotel, Badstr. 2, 73337 Bad Überkingen, Tel. 0 73 31/9 55 00.

• Camping: Campingplatz Längental, 73312 Geislingen, Tel. 0 73 31/6 27 74.

## Information

Bürgermeisteramt, 73326 Deggingen, Tel. 0 73 34/7 80.

## Karte

Topographische Karte 1: 50 000, Blatt 15, Göppingen/Geislingen.

# 25 Zum höchsten Kaiserberg

**Tourenlänge**
12 km

**Durchschnittliche Gehzeit**
4 Std.

**Steigung**
400 m

**Etappen**
WP Hölltal – Metlangen 1 Std. – Hohenrechberg 1 ¼ Std. – Reitprechts 1 Std. – WP Hölltal ¾ Std.

**Tourencharakter**
Ein interessant gestalteter geologischer Lehrpfad und der höchste der drei Kaiserberge lassen die 400 Höhenmeter Anstieg als Nebensache erscheinen.

**Interessantes am Weg**
24 Informationsstationen des geologischen Lehrpfades, Ruine Hohenrechberg, Wallfahrtskirche auf dem Hohenrechberg, Altstadt von Schwäbisch Gmünd.

**Wegmarkierung**
Der gesamte Rundweg bis auf ein kleines Stückchen im Süden: blauer Punkt.

## Von Schwäbisch Gmünd auf den Hohenrechberg

Der Wanderparkplatz Hölltal im Südwesten von Schwäbisch Gmünd ist auch zugleich der Ausgangspunkt des *geologischen Lehrpfades*, der direkt zum Hohenrechberg hinauf führt und in dessen Verlauf der Wanderer einen hervorragenden Einblick in den geologischen Aufbau und in die Landschaftsgestaltung der Schwäbischen Alb und des Albvorlandes erhält. Immerhin führt der Pfad durch vier geologische Systeme: Keuper, schwarzer Jura (Lias), brauner Jura (Dogger) und weißer Jura (Malm). Der unterste Abschnitt des Hölltales reicht in Keuperschichten hinunter, die Randstufen sind aus schwarzem Jura gebildet. Diese Schwarzjuraschichten steigen sanft an und sind von Ton- oder Mergelböden bedeckt, auf denen Obst und Getreide wächst. Der Übergang zu den Braunjuraschichten ist oberhalb des Hölltales am Wechsel der Landschaft zu gerundeten Hängen und Buckelwiesen zu erkennen. Die Grenze des braunen Juras wird am Fuß des Rechberges an der Baumgrenze erreicht. Wo der Steilanstieg zum Burgberg anfängt, beginnt auch der eigentliche Weißjura-Zeugenberg, dem die Erosion aufgrund seiner

**Die Burg Hohenrechberg entstand im 12. Jh. als Stammburg staufischer Ministerialen. Die ältesten Teile der Ruine stammen aus dem 13. Jh.**

Härte nichts anhaben konnte. Erstes Ziel auf dem Rechberg ist die Ruine Hohenrechberg. Die Grafen von Rechberg hatten hier im 12. Jh. als staufische Ministerialen ihre Stammburg errichtet. Die ältesten Teile der heutigen Ruine stammen aus dem 13. bis 15. Jh. Am ältesten sind der Unterbau des Hauptgebäudes und einige romanische Fenster. Der Wehrgang, das Burgtor, Teile des Außenwerkes und vor allem der trutzige Wehrturm stammen aus dem 15. Jh. Trotz wechselvoller Geschichte wurde die Burg nicht gebrochen, sondern 1865 durch Blitzschlag eingeäschert.

Östlich der Ruine Hohenrechberg ziert den 707 m hohen Gipfel des Rechberges die Wallfahrtskirche St. Maria. Errichtet wurde sie bis 1688 von Valerian Brenner. Die vorzügliche Stuckdekoration im Inneren ist ein Werk von Prosper Brenner, der dabei italienischen Vorbildern folgte, seiner eigenen Phantasie aber freien Lauf ließ. Das Gnadenbild der Gottesmutter auf dem Hochaltar ist spätgotisch.

Einmalig ist vom Hohenrechberg die Aussicht. Im Südosten grüßt der Stuifen, im Südwesten der Hohenstaufen, die beiden anderen Kaiserberge. Alle drei sind frei stehende Zeugenberge und liegen etwas mehr als fünf Kilometer vor dem eigentlichen Albtrauf. Mit etwas Phantasie kann man sich gut vorstellen, wie die Albhochfläche bis zu diesen drei Bergen reichte, und wie die Erosion nach und nach das Tälergewirr rund um die drei Kaiserberge schuf.

Vom Hohenrechberg steigt man wieder westwärts ab und folgt dann zunächst der Markierung roter Strich geradeaus weiter, bis nach knapp 1 km rechts der Verbindungsweg nach Reitprechts abzweigt. Ihm folgt man ohne Markierung in den Wald hinauf, bis man auf dem Rücken an einer Wegespinne wieder auf die Markierung blauer Punkt trifft. Ihr folgt man hinunter nach Reitprechts, überquert die Verbindungsstraße Straßdorf – Wäschenbeuren und hält sich

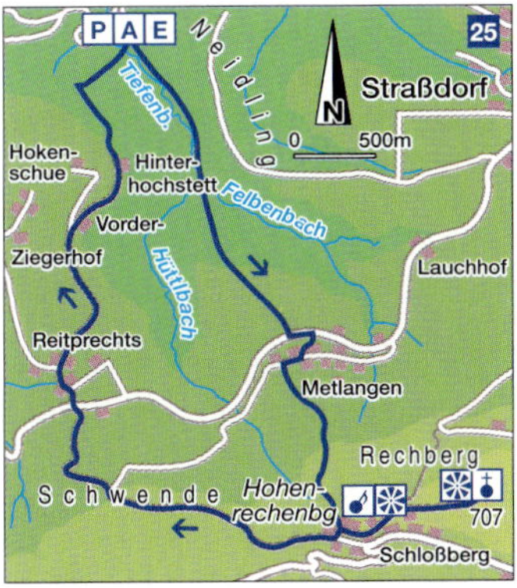

dann in der Siedlung selbst an den nach Hinterhochstett führenden Fahrweg (Markierung blauer Punkt). Von *Hinterhochstett* führt die Markierung blauer Punkt sicher durch den Katharinenwald zurück zum WP Hölltal.
Wem nach dem Besuch des Hohenrechbergs noch Zeit bleibt, der sollte unbedingt auch noch der ehemaligen freien Reichsstadt **Schwäbisch Gmünd** einen Besuch abstatten. Ihre Blüte geht auf das 12. Jh. zurück, als die Staufer die Stadt ausbauten.
Zu Reichtum kam sie durch ihre Gold- und Silberverarbeitung. Von Glanz und Reichtum der alten Stadt zeugen noch die Reste der mittelalterlichen Stadtbefestigung mit sechs Wehrtürmen und vor allem zwei Kirchen.
Die 1250 fertiggestellte *Johanneskirche* präsentiert einzigartige Bauplastik: biblische Szenen, tierische Monstren, ornamentales Relief. An dem 1410 fertiggestellten Heiligkreuz-Münster haben Vater Heinrich und Sohn Peter Parler, der spätere Prager Dombaumeister, mitgearbeitet. Meisterstücke für sich sind hier die vier Portale und der Skulpturenschmuck des Chores mit Heiligenmartyrien in den Bogenläufen.
Marktplatz und Rathaus haben ihr heutiges Gesicht durch den Gmünder Barockbaumeister Johann Michael Keller erhalten.

# Informationen zur Tour

## Ausgangsort

Die ehemalige freie Reichsstadt Schwäbisch Gmünd beherrscht das obere Remstal, der WP Hölltal liegt am Südwestrand der Stadt an der Mündung des Hölltales ins Remstal.

## Anfahrt

Pkw: von Aalen 21 km, von Stuttgart 40 km;
DB: von Stuttgart und Aalen.

## Einkehrmöglichkeiten

Gasthöfe auf dem Hohenrechberg.

## Unterkünfte

Hotel Adler, 73525 Straßdorf, Tel. 0 71 71/4 10 41; Hotel Buchhof, Unterm Buch 1, 73525 Schwäbisch Gmünd, Tel. 0 71 71/9 10 90; Hotel Fortuna, Hauberweg 4, 73525 Schwäbisch Gmünd, Tel. 0 71 71/10 90.
• Camping: Campingplatz Schurrenhof, 73072 Donzdorf-Reichenbach, Tel. 0 71 65/81 90.

## Information

Städtisches Verkehrsamt, 73525 Schwäbisch Gmünd, Tel. 0 71 71/60 34 55.

## Karte

Topographische Karte 1: 50 000, Blatt 15, Göppingen/Geislingen.

# 26 Rund um den Rosenstein

**Tourenlänge**
9 km

**Durchschnittliche Gehzeit**
3 Std.

**Steigung**
290 m

**Etappen**
WP Rosenstein im Osten von Heubach – Große Scheuer 1 1/2 Std. – Festplatz 1 Std. – WP Rosenstein 3/4 Std.

**Tourencharakter**
Der Hauptanstieg ist gleich zu Beginn zu bewältigen. Danach geht es in sanftem Auf und Ab zu einer Vielzahl interessanter Einzelziele.

**Interessantes am Weg**
Mittelalterlicher Kern von Heubach, Ruine Rosenstein, Große Scheuer, Sedelfelsen, Finsteres Loch, Fernsehturm, keltischer Ringwall.

**Wegmarkierung**
WP Rosenstein – Rosensteinplateau rotes Dreieck; Rundweg über das Rosensteinplateau – Festplatz roter Dreiblock; Festplatz – Heubach rote Raute.

## Von Heubach auf den Albtrauf

Dem heutigen **Heubach** sieht man es erst auf den zweiten Blick an, daß es sich um ein stattliches, mittelalterliches Städtchen handelt. Immerhin erhielt Heubach sein Stadtrecht bereits Mitte des 14. Jh., und im 16. Jh. ließen sich die Herren von Woellwarth, die zuvor auf der Ruine Rosenstein gehaust hatten, ein Stadtschloß bauen. Vom frühen Wohlstand zeugt noch das schöne alte *Rathaus* mit seinem mittelalterlichen Unterbau und dem Fachwerkobergeschoß von 1581. Die Stadtkirche war ursprünglich eine romanische *Basilika*, die 1441 ihren spätgotischen Chor erhielt. Der Freskenzyklus an der Nordwand zeigt die Passion und wurde um 1530 gemalt.
Bester Ausgangspunkt für die Umrundung des Rosensteinplateaus ist der Wanderparkplatz im Osten von Heubach. Von ihm geht man zunächst ein kleines Stück auf dem ebenen Teerweg nach Nordwesten, bis nach rechts der schmale, mit rotem Dreieck markierte Franz-Keller-Weg abzweigt. Seine Serpentinen führen zielstrebig zur **Ruine Rosenstein** hinauf. Die Burg Rosenstein entstand im 12. Jh. und gehörte ursprünglich zur Herrschaft Lauterburg. 1360 kam die Anlage zusammen mit der Ortschaft Heubach zunächst an das Reich und wenig später an Württemberg. 1413 tauchten dann die Herren von Woellwarth auf, die

schließlich 1579 in ihr Heubacher Stadtschlößchen hinunterzogen. Seither verfiel die Burg. Allerdings war der Platz der Ruine Rosenstein keineswegs nur mittelalterlicher Burgplatz. Schon in prähistorischer Zeit war die Felsennase durch Wälle und Gräben als keltische Fluchtburg gesichert. Zahlreiche Funde von Feuersteinen und Tongefäßscherben belegen eine nahtlose Nutzung des Rosensteins seit der Altsteinzeit.

Von der Ruine Rosenstein folgt man dem Steig weiter bis hinüber zu dem mit rotem Dreiblock markierten Rundweg um das **Rosensteinplateau**. An der Abzweigung hält man sich links und folgt dem nordwestlichen Trauf bis hinüber zur Ostspitze, wo gleich zwei schöne Höhlen Aufmerksamkeit verlangen. Das »**Haus**« und die »**Große Scheuer**« sind zwei *Karsthöhlen*, durch die vor Jahrmillionen, noch vor der richtigen Hebung der Alb, Karstbäche flossen. Als sich die Alb hob, versiegten die Zuflüsse, und die hoch gelegenen Höhlen fielen trocken.

Die äußerste Ostspitze des Rosensteinplateaus bilden die **Sedelfelsen**. Die große, frei stehende Felswand ragt gut 50 Höhenmeter nahezu senkrecht aus dem Wald in den Himmel. Von ihrer Oberkante schweift der

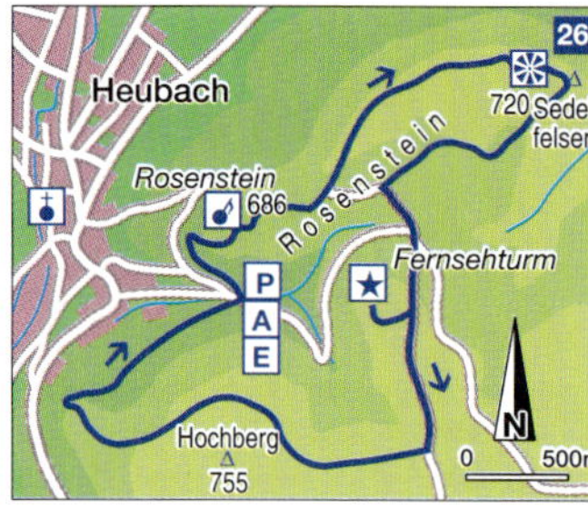


Blick weit hinaus ins Albvorland. Bei den Sedelfelsen wendet sich der Weg nach Südwesten und erreicht wenig später das **Finstere Loch**. Mit 130 m ist dies die längste Höhle am Rosensteinplateau. Entstanden ist sie durch Klufterweiterung und nicht durch die kalklösende Wirkung eines Karstbaches.

Der Rundweg um das Rosensteinplateau endet bei einer Hütte, bei der man nach links abbiegt und dem Fahrweg Richtung Fernsehturm folgt. Von April bis September lohnt sich am Wochenende der kurze Abstecher, denn dann kann der 165 m hohe **Fernsehturm** bestiegen werden. Knapp 1 km südlich des Fernsehturmes kommt man zum Festplatz und einer Wegespinne. Auf ihr biegt man nach Westen ab und folgt der Markierung rote Raute um den Heidenburren auf den **Hochberg**. Dort wartet der nächste keltische *Ringwall* auf staunende Betrachter. Da es auch auf dem Mittelberg im Osten des Fernsehturmes einen solchen Ringwall gibt, hatten die Kelten also aus drei Fixpunkten ein ganzes Sicherungssystem errichtet. Vom Hochberg führt die Markierung rote Raute hinunter Richtung Heubach, doch wir bleiben ihr nur bis kurz vor dem Waldrand treu. Hier folgen wir dem letzten Holzweg nach rechts und kommen so horizontal zurück zum WP Rosenstein.

## Informationen zur Tour

### Ausgangsort

Das für seine Miederindustrie bekannte Städtchen Heubach liegt unmittelbar unterhalb des Albtraufes im oberen Remstal. Der WP Rosenstein liegt im Osten des Städtchens, direkt unterhalb der Ruine Rosenstein.

### Anfahrt

Pkw: von Schwäbisch Gmünd 14 km, von Aalen 18 km.

### Einkehrmöglichkeiten

Waldschenke auf dem Rosenstein.

### Unterkünfte

Hotel Deutscher Kaiser, Hauptstr. 42, 73540 Heubach, Tel. 07173/8708; Gasthof Goldener Ochse, Hauptstr. 23, 73540 Heubach, Tel. 07173/8183; Gasthof Jägerhaus, Bartholomäer Str. 41, 73540 Heubach, Tel. 07173/6907.

• Camping: Campingplatz Hirtenteich, 73457 Essingen-Lauterburg, Tel. 07365/296.

### Information

Verkehrsamt, 73540 Heubach, Tel. 07173/1 81 39.

### Karte

Topographische Karte 1:50 000, Blatt 15, Göppingen/Geislingen.

**Der Rosenstein ragt mit dem Sedelfelsen gut 50 Höhenmeter senkrecht in den Himmel. Die Burg Rosenstein entstand im 12. Jh.**

# 27 Felsenmeer im Trockental

**Tourenlänge**
14 km

**Durchschnittliche Gehzeit**
3 1/2 Std.

**Steigung**
80 m

**Etappen**
WP Hirschfelsen westlich von Steinheim – Steinhüttle 3/4 Std. – Felsenmeer 1 Std. – WP Hirschfelsen 1 3/4 Std.

**Tourencharakter**
Der Weg durch das Wental und das Felsenmeer ist nahezu eben, so daß man die bizarren Felsformationen in aller Ruhe genießen kann.

**Interessantes am Weg**
Zahlreiche, die Phantasie anregende Felsformationen in einem der schönsten Trockentäler der Schwäbischen Alb; Meteoritenkratermuseum in Sontheim.

**Wegmarkierung**
WP Hirschfelsen – Steinhüttle gelber Dreiblock; Steinhüttle – Felsenmeer gelbes Dreieck.

## Von Steinheim durch das Wental

Das Steinheimer Becken und das nordwestlich von ihm ansteigende Wental bergen zwei ganz unterschiedliche, aber für die Schwäbische Alb äußerst typische Phänomene. Das Steinheimer Becken entstand vor etwa 14 Millionen Jahren durch den Einschlag eines Meteoriten, der einen Krater mit einem Durchmesser von knapp 3,5 km hinterließ. In diesem Krater wurde das Gestein bis in eine Tiefe von 250 m staubfein zerstrümmert. Die Ränder wurden in Schollen zerlegt und durch rückfallendes Gestein weiter zerkleinert. In der Mitte des Trichters bildete sich dabei ein Zentralhügel, der bis heute als der 579 m hohe Steinhirt zwischen Steinheim und Sontheim erhalten geblieben ist. In dem durch den Einschlag entstandenen Krater bildete sich ein See, der nach und nach verlandete und eine etwa 13 m dicke Sand- und Sedimentschicht hinterließ. Weil sich in ihm eine Fülle kleiner weißer Schneckenhäuser fand, wird er auch »Schneckensand« genannt. Dazu fand sich eine Fülle unterschiedlichster Fossilien von subtropischen Pflanzen, Gabelhirschen und Nashörnern. All das ist im Sontheimer *Meteoritenkratermuseum* zu bestaunen.

Das in das Steinheimer Becken mündende Wental ist ein für die Karsthochfläche der Schwäbi-

schen Alb besonders typisches Trockental. Gebildet wurde es durch die Erosion eines vorzeitlichen Wasserlaufs, der mit dem Absinken des Karstwasserspiegels trocken fiel. Geblieben ist ein Tal, das mit seinen die Phantasie anregenden Felsformationen reizvoller kaum sein könnte.
Bester Ausgangspunkt für die Eroberung des Wentales ist der Wanderparkplatz beim Hirschfelsen, knapp 2 km westlich von Steinheim. Dieser rund 10 m hohe, frei stehende **Hirschfelsen** bildet den angemessenen Auftakt. Der Südhang um den Felsen herum ist gleichzeitig ein Paradebeispiel für eine Trockenrasengesellschaft mit eingestreuten Wacholderbüschen.
Nach etwa 1,5 km wird das Tal plötzlich durch einen 90 m langen und 16 m hohen Damm verstellt. Über eine Treppe kommt man zur Dammkrone hinauf und fragt sich natürlich unwillkürlich, was ein solcher Damm in einem Trockental soll. Des Rätsels Lösung ist die Schneeschmelze. Wenn im Frühjahr der Boden noch gefroren ist, der Schnee aber zu schnell schmilzt, gibt es im Trockental Hochwasser, das durchaus das am Mündungstrichter gelegene Steinheim gefährden könnte. Der Staudamm erfüllt also die Funktion eines

**Das Felsenmeer von Bartholomä besteht aus rund 30 unterschiedlich großen Dolomitfelsen in phantasievollen Formen.**

Hochwasser-Rückhaltebeckens. Oberhalb des Staudamms öffnet sich das Wental zu einem freundlichen Wiesental mit heideartiger Vegetation. Noch einmal 1,5 km weiter schließt sich der Wald wieder, und die nächsten phantastischen Felsformationen tauchen auf. Besonders um das **Steinhüttle** stehen bizarr geformte, turmartige Felsblöcke. Der wohl schönste ist das Wentalweible. Daß die Felsen schon immer die Phantasie angeregt haben, verraten ihre Namen wie Nilpferd, Sphinx, Seelöwe, Ruine, Rondell oder Spitzbogenstadl. Bei der *Wental-Gaststätte* quert man die Verbindungsstraße zwischen Steinheim und Bartholomä. Dahinter beginnt das **Felsenmeer**, eine Ansammlung von etwa 30, unterschiedlich großen Dolomitfelsen, wiederum mit den seltsamsten Formen.
Endpunkt der Wanderung ist das **Hexenloch**, eine für die Schwäbische Alb besonders typische Karstspalte. Sie ist rund 20 m lang, bis zu 1 m breit und bis zu 2,5 m tief. Hier sollen in der Walpurgisnacht die Hexen getanzt und danach wieder im Hexenloch verschwunden sein. Für den Rückweg empfiehlt sich weniger der auf der Wandertafel angebotene Alternativweg. Er ist längst nicht so interessant wie der Rückweg auf der gleichen Route. Auf ihr nämlich sieht man die Felsformationen aus anderer Optik und somit in anderem Lichtwinkel, also noch einmal völlig neu.

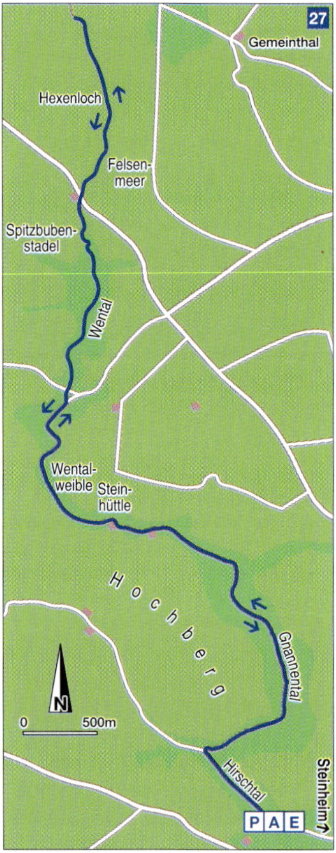

# Informationen zur Tour

## Ausgangsort

Steinheim liegt wenig westlich von Heidenheim im Nordteil des Steinheimer Beckens. Der WP Hirschfelsen liegt 2 km westlich von Steinheim am Eingang des Wentales.

## Anfahrt

Pkw: von Heidenheim 9 km.

## Einkehrmöglichkeiten

Wental-Gaststätte an der Straße von Steinheim nach Bartholomä.

## Öffnungszeiten

Das Meteoritenkratermuseum in Sontheim: täglich 9–12 und 14–17 Uhr, Samstagvormittag geschlossen.

## Unterkünfte

Hotel Wirtshäusle, 89555 Steinheim, Tel. 0 73 29/2 85; Gasthof Zum Kreuz, 89555 Steinheim, Tel. 0 73 29/60 07; Hotel Turnerheim, 75566 Bartholomä, Tel. 0 71 73/9 70 20.

• Camping: Campingplatz Hirtenteich, 73457 Essingen-Lauterburg, Tel. 0 73 65/2 96.

## Information

Verkehrsamt, 89555 Steinheim, Tel. 07329/9 60 60.

**Das Wental ist ein für die Karsthochfläche besonders typisches Trockental. In ihm sind überraschend schöne Felsformationen wie hier die »Ruine« zu entdecken.**

## Karte

Topographische Karte 1: 50 000, Blatt 16, Aalen/Heidenheim.

# 28 Burgruinen und Höhlen an der Brenz

**Tourenlänge**
14 km

**Durchschnittliche Gehzeit**
3 1/2 Std.

**Steigung**
100 m

**Etappen**
WP Anhausen – Eselsburg 1 1/4 Std. – Stadion Herbrechtingen 3/4 Std. – Keltenwall auf dem Buigen 3/4 Std. – WP Anhausen 3/4 Std.

**Tourencharakter**
Geringe Anstiege machen die Wanderung entlang der beiden Ufer der Brenzschleife um den Buigen zur höchst interessanten Genußtour.

**Interessantes am Weg**
Ehemaliges Kloster Anhausen, Spitzbubenhöhle, Bindstein, Falkenstein, Steinerne Jungfrau, Keltenwall auf dem Buigen, Fischerfelsen.

**Wegmarkierung**
Anhausen – Falkenstein roter Balken; Falkenstein – Eselsburg – Stadion Herbrechtingen ohne Markierung; Stadion Herbrechtingen – Buigen roter Dreiblock; Buigen – WP Anhausen ohne Markierung.

## Von Anhausen ins Eselsburger Tal

Ausgangspunkt der Erlebnistour rund um das Eselsburger Tal ist das ehemalige Kloster Anhausen. Es war 1125 gestiftet und im 15. und 16. Jh. jeweils schwer zerstört worden. Von der Reformation bis 1820 hatte hier ein evangelischer Abt seinen Sitz. Heute stehen noch das Torhaus, der Renaissancebau der ehemaligen Prälatur und Teile des spätgotischen Kreuzgangs.
Vom ehemaligen Kloster aus folgt man dem mit rotem Balken markierten Wanderweg nach Süden in den Wald hinauf. Vorbei an der Spitzbubenhöhle geht es hinüber zum Bindstein, den im Mittelalter eine kleine Burg gekrönt hatte. Sehr viel mächtiger allerdings war die wenig weiter südlich gelegene Burg Falkenstein. Sie thronte auf dem mit senkrechten Wänden aus dem Talhang empor wachsenden Felsen und dürfte zu ihrer Zeit wohl uneinnehmbar gewesen sein. Aus ihrer Vorburg ist heute ein Gutshof geworden.
Vom Falkenstein steigt man hinunter in den Talboden und folgt dem rechten Talweg nach Eselsburg, das dem Tal der engen Brenzschlinge seinen Namen gab. Auch hinter Eselsburg

**Das Dörfchen Eselsburg hat dem Tal der engen Brenzschlinge seinen Namen gegeben. Auf beiden Talseiten stehen besonders schöne Felsformationen.**

bleibt man dem rechten Talweg treu, um die besonders schöne Felsformation der Steinernen Jungfrau von nahem erleben zu können. Sie besteht aus zwei frei stehenden, fingerförmigen Felsen, Resten ehemaliger Schwammstotzen des Jurameeres. Die wenig später folgende Bernhardshöhle ist eine der zahlreichen Kleinhöhlen im Bereich des Brenztales.
Am südlichen Ortsrand von Herbrechtingen gibt es die Möglichkeit, westwärts zu gehen und so die Runde zurück nach Anhausen direkt zu schließen. Weitaus schöner aber ist es, die Brenz zu queren und beim Parkplatz am Festplatz wieder nach Süden zu wandern.
In Herbrechtingen selbst ist von der ehemaligen, von Karl dem Großen und Kaiser Barbarossa geförderten Klosterherrlichkeit fast nichts mehr zu spüren. Lediglich in der evangelischen Pfarrkirche sind Mauerteile aus dem 13. und 14. Jh. erhalten geblieben. Von den Stiftsgebäuden

**Das ehemalige Kloster Anhausen war schon 1125 gestiftet worden. Erhalten sind heute noch das Torhaus und der Renaissancebau der ehemaligen Prälatur.**

steht nur noch ein Teil des ehemaligen Propsteigebäudes.
Vom Parkplatz am Herbrechtinger Festplatz führt der mit rotem Dreiblock markierte Wanderweg über das linken Brenzufer wieder nach Süden und auf die vordere Nase des Buigen. Dort weisen wohlerhaltene Keltenwälle darauf hin, daß das Eselsburger Tal bereits in der Bronzezeit besiedelt war.
Vom Rücken des Buigen folgt man der Markierung roter Dreiblock hinunter ins Tal, das man gegenüber vom Falkenstein erreicht. Wir bleiben aber auf dem linken Ufer der Brenz, passieren den markanten Fischerfelsen und wandern nordwärts bis zur Verbindungsstraße Herbrechtingen – Anhausen. Hier geht es nach links zum nur noch wenige 100 m weit entfernten WP Anhausen.

# Informationen zur Tour

## Ausgangsort
Anhausen liegt am rechten Brenzufer im Süden von Heidenheim. Der WP liegt beim ehemaligen Kloster.

## Anfahrt
Pkw: von Heidenheim 9 km, von der Autobahnausfahrt Herbrechtingen 7 km.

## Einkehrmöglichkeiten
Gasthäuser in Anhausen und Eselsburg.

## Unterkünfte
Hotel Grüner Baum, Lange Str. 46, 89542 Herbrechtingen, Tel. 0 73 24/95 40; Hotel Hoffmann, Ostpreußenstr. 1, 89542 Herbrechtingen, Tel. 0 73 24/9 61 20; Hotel Post, Bahnhofstr. 17, 89542 Herbrechtingen, Tel. 0 73 24/96 34 10.
• Camping: Campingplatz Längental, 73312 Geislingen, Tel. 0 73 31/6 27 74.

## Information
Bürgermeisteramt, 89542 Herbrechtingen, Tel. 0 73 24/95 50.

## Karte
Topographische Karte 1: 50 000, Blatt 16, Aalen/Heidenheim.

# 29 An Lone und Hürbe

**Tourenlänge**
14 km

**Durchschnittliche Gehzeit**
3 ½ Std.

**Steigung**
120 m

**Etappen**
Hürben – Stetten ob Lontal 1 ½ Std. – Burgberg 1 Std. – Hürben 1 Std.

**Tourencharakter**
Die geringen Anstiege und die freundlichen Täler von Lone und Hürbe machen die gar nicht so kurze Wanderung zum angenehmen Spaziergang.

**Interessantes am Weg**
Quelltopf der Hürbe, Charlottenhöhle, Ruine Kaltenburg, Dorfkirche Stetten, Schloß Burgberg.

**Wegmarkierung**
Hürben – Ruine Kaltenburg roter Dreiblock; Ruine Kaltenburg – Stetten ob Lontal rotes Dreieck; Stetten ob Lontal – Burgberg roter Dreiblock; Burgberg – Hürben rote Raute.

## Von Hürben über Stetten nach Burgberg

Mitten im Dorfzentrum von Hürben liegt der Quelltopf der Hürbe als typische Karstquelle. Die sogenannte Quellschüttung von 60 bis 110 l/sec. reicht aus, um das sandige Material am Boden des Quelltopfes in Bewegung zu halten und damit die Kraft des hochdrückenden Wassers zu verraten. Vom Quelltopf wandert man an den südwestlichen Ortsrand von Hürben, wo man beim Sportplatz auf den mit rotem Dreiblock markierten Talrandweg trifft. Ihm folgt man nach Süden bis zur Abzweigung Charlottenhöhle. Den Besuch der Charlottenhöhle sollte man sich keinesfalls entgehen lassen, ist sie doch mit einer Länge von 532 m und besonders formenreichen Tropfsteinen eine der interessantesten Schauhöhlen der Schwäbischen Alb. Entdeckt wurde die Höhle 1893. Noch im selben Jahr wurde sie begehbar gemacht und mit einem eigenen Generator elektrisch beleuchtet – und das zu einer Zeit, als man im nahegelegenen Giengen überhaupt noch kein elektrisches Licht kannte. Am 6. 9. 1869 wurde die Höhle dann in Anwesenheit der württembergischen Königin Charlotte feierlich getauft und eröffnet. Weil es sich bei der Charlottenhöhle um eine alte, später durch das Absinken des Grundwassers trockengefallene Flußhöhle handelt, präsentiert sie sich mit einem engen, schlauchartigen Höhlengang, der von elf größeren Räumen unterbrochen

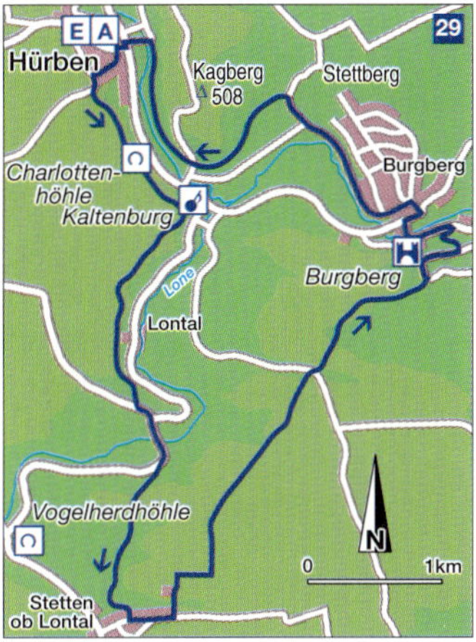


wird. Sie alle sind mit Tropfsteinen in außerordentlichem Formenreichtum geschmückt. Im Inneren der Höhle fanden sich zahlreiche Knochen von Raubtieren und ihrer Beute. Höhlenbär, Höhlenlöwe, Höhlenhyäne, Wildpferd, Fellnashorn, Rentier und Wildrind konnten im einzelnen nachgewiesen werden. Vorbei an der Ruine *Kaltenburg*, die einst Sitz eines staufischen Reichsmarschalls war, folgt man weiter dem Talrandweg, der nun mit rotem Dreieck markiert ist. Hoch über dem Weiler St. Ulrich folgt man dem Weg weiter durch den Wald, schneidet eine Bergnase ab und kommt schließlich über einen Wirtschaftsweg hinunter ins Lonetal.

Auf der südlichen Talseite verläßt man die Talstraße in der Kurve nach links und folgt der Markierung den Wald hinauf nach **Stetten** ob Lontal. Hier sollten Sie es nicht versäumen, der Pfarr- und Wallfahrtskirche **Maria Himmelfahrt** einen Besuch abzustatten. Ihre Geschichte steht in enger Verbindung mit dem benachbarten kleinen Schloß. Es geht auf eine mittelalterliche Burg zurück, die Christoph Jakob von Riedheim 1583 ausbaute. Seine heutige, barocke Form erhielt der Bau 1708. Als Marquard von Riedheim 1723 eine Nachbildung des Gnadenbildes von Einsiedeln in seiner Schloßkapelle aufstellte, führte das schnell zu einer umfangreichen Wallfahrt. Um ihr gerecht zu werden, wurde bis 1733 von Christian Wiedemann aus Elchingen die heutige Kirche errichtet. Leider ist von der ursprünglichen Ausmalung nur noch das Deckengemälde von Johann Georg Wolcker mit der Himmelfahrt Mariens erhalten. Von der Kirche wandert man genau nach Osten, zweigt bei den letzten Häusern nach links und wenig später nach rechts ab, um unter der Hochspannungsleitung hindurch den Wald zu gewinnen. Nun geht es geradeaus und entlang der Markierung roter Dreiblock hinüber zum **Schloß Burgberg**. Es gehörte einst auch den

Staufern, ging aber bald in Gemeindebesitz über.
Unterhalb von Schloß Burgberg kommt man in den Talboden der Hürbe, dem man am westlichen Ortsrand von Burgberg entlang nach Nordwesten folgt. Talweg und Markierung rote Raute führen verläßlich zurück nach Hürben.

## Informationen zur Tour

### Ausgangsort
Hürben liegt am Quelltopf des gleichnamigen kurzen Baches (Hürbe), der bei Hermaringen in die Brenz mündet.

### Anfahrt
Pkw: von der Autobahnausfahrt Giengen/Herbrechtingen 4 km.

### Einkehrmöglichkeiten
Gasthöfe in Hürben, Stetten ob Lontal und Burgberg.

### Unterkünfte
Hotel Gawron, Richard Wagner Str. 5, 89537 Giengen, Tel. 0 73 22/70 31; Hotel Lamm, Am Marktplatz, 89537 Giengen, Tel. 0 73 22/40 64; Hotel Lobinger, Steigstr. 110, 89537 Giengen, Tel. 0 73 22/95 30.
• Camping: Campingplatz Längental, 733121 Geislingen, Tel. 07331/6 27 74.

### Information
Stadtverwaltung, 89537 Giengen, Tel. 0 73 22/95 20.

### Karte
Topographische Karte 1: 50 000, Blatt 16, Aalen/Heidenheim.

**Die Ruine Kaltenburg war einst Sitz eines staufischen Reichsmarschalls; geblieben ist von der mittelalterlichen Herrlichkeit allerdings recht wenig.**

# 30 Barock auf dem Härtsfeld

**Tourenlänge**
12 km

**Durchschnittliche Gehzeit**
3 1/2 Std.

**Steigung**
150 m

**Etappen**
Bhf Neresheim – Katzenstein 1 3/4 Std. – Kloster Neresheim 1 1/2 Std. – Bhf Neresheim 1/4 Std.

**Tourencharakter**
Die wellige Hochfläche am Ostrand der Schwäbischen Alb stellt keine besonderen Anforderungen an die Wanderer. Balthasar Neumanns letztes Meisterwerk begeistert aber alle Kunstfreunde.

**Interessantes am Weg**
Museumslokomotive, Pfarrkirche Neresheim, Naturschutzgebiet Zwing, Burg Katzenstein, Klosterkirche Neresheim.

**Wegmarkierung**
Neresheim – Katzenstein ohne Markierung; Katzenstein – Klosterkirche Neresheim – Bhf Neresheim roter Dreiblock.

## Von Neresheim nach Katzenstein

Ausgangspunkt ist der ehemalige Bahnhof Neresheim am Südostrand des Städtchens. Bevor man von hier aus nach Süden in das Tal der Egau wandert, sollte man vielleicht einen kurzen Abstecher nach Neresheim hinein zur *Pfarrkirche* machen. Die relativ kleine Kirche wurde 1468 errichtet, doch später barock umgestaltet. Sie zeichnet sich durch feine Stukkaturen aus. Die hervorragend gearbeiteten Deckenfresken dazu lieferte Michael Zink 1717. 23 Jahre später malte er auch noch den in der Zwischenzeit stuckierten Chor aus.

Nach der Bewunderung der *Denkmal-Dampflok* beim ehemaligen Bahnhof von Neresheim wandert man nach Süden hinüber zur Gallusmühle, überquert die Egau und erreicht am Waldrand das Naturschutzgebiet Zwing. Das hier enge Tal der Egau präsentiert sich mit einer Wacholderheide, wie sie auch im Bilderbuch von HAP Grieshaber nicht schöner zu finden sein könnte. Schlanke Wacholderbüsche und knorrige Hainbuchen setzen hier die Akzente, frei stehende Felstürme wirken dazwischen wie Ausrufezeichen. Was es hier alles tatsächlich zu entdecken gibt, darüber klärt ein informativer *Waldlehrpfad* auf.

Der Egau entlang passiert man noch eine alte Sägemühle und

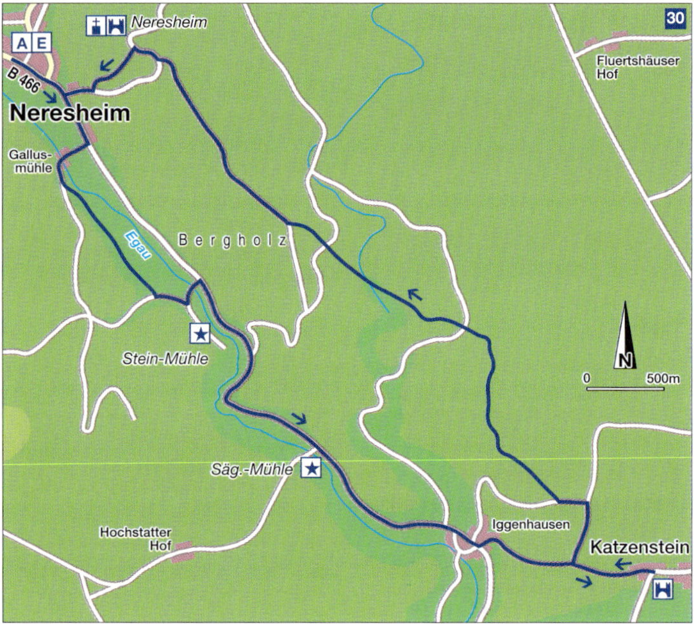


kommt schließlich hinaus nach Iggenhausen. Von hier aus ist es gerade noch 1 km hinüber nach **Katzenstein** und zur gleichnamigen Burg. Sie wurde im 12. und 13. Jh. errichtet und im 16. Jh. durch das östlich sich anschließende neue Schloß erweitert. Glücklicherweise wurde dadurch die wehrhafte Prägung der mittelalterlichen Burg nicht gestört. Ihre Mauern drohen bis heute mit staufischen Buckelquadern. Die tonnengewölbte Brunnenhalle mit dem 40 m tiefen Brunnenschacht läßt ahnen, welches Machtbewußtsein hier herrschte. Mit zum Originalbestand der Burg gehört die Kapelle, deren Fresken ein Werk des 13. Jh. sind.

Vom Katzenstein wandert man zunächst 500 m zurück in Richtung **Iggenhausen**. Dort zweigt nach rechts der mit rotem Dreiblock markierte Wanderweg ab, der nun durch abwechslungsreiches Gelände, zunächst teils

durch Wald und später mehr durch Wiesen, zum Kloster Neresheim führt.
Das **Benediktinerkloster Neresheim** wurde 1095 gegründet. Kloster und Klostersiedlung erlebten ein wechselvolles Schicksal, bis es 1745 darum ging, die Abteikirche von Grund auf neu zu errichten. Dabei gelang Balthasar Neumann der große Wurf: die Verschmelzung von Langhaus und Rundbau, von Basilika und Halle, von Wandpfeiler und frei stehendem Pfeiler. Sein genial einfacher Kunstgriff dafür war, das Querschiff in die Mitte des Langhauses zu legen und die Vierungskuppel damit zum zentralen Gipfelpunkt aller Kuppelschalen zu machen. Sein ausgefeiltes Raumgefüge baute der Architekt aus einem 83 m langen, einschiffigen Langhaus auf. Um dem Ganzen Leben einzuhauchen, löste er die Pfeiler von der Wand und erreichte so die Zweischaligkeit der Wände.
Die Vielfalt von Wölbungen erhielt ihr Leben 1775 durch die Kuppelfresken von Martin Knoller und Joseph Schöpf. Ihnen gelang noch einmal ein Meisterwerk der Kompositions- und Illusionskunst des Barock. Nach erfolgreicher Restaurierung strahlen diese Fresken heute wieder in vollem Glanz und zur Ehre des besten Werkes von Balthasar Neumann.
Vom Kloster Neresheim ist es nur noch ein Katzensprung hinunter zum Ausgangspunkt beim ehemaligen Bahnhof Neresheim.

**Meister der 1745 vollendeten Abteikirche Neresheim war Balthasar Neumann. Er schuf eine ganz eigene Welt vielfältig ineinandergreifender Kuppelschalen.**

**Martin Knoller und Joseph Schöpf schufen die barocke Illusionskunst in den Kuppeln der Abteikirche Neresheim.**

# Informationen zur Tour

## Ausgangsort

Neresheim liegt mitten auf dem Härtsfeld am Ostrand der Alb.

## Anfahrt

Pkw: von der Autobahnausfahrt Aalen/Oberkochen 12 km, von Nördlingen 20 km.

## Einkehrmöglichkeiten

Gasthöfe in Neresheim, Katzenstein und beim Kloster Neresheim.

## Unterkünfte

Klosterhospiz, 73450 Neresheim, Tel. 0 73 26/85 02;
Hotel Zur Kanne, 73450 Ohmenheim, Tel. 0 73 26/ 80 80;
Gasthof Krone, Hauptstraße 13, 73450 Neresheim, Tel. 0 73 26/2 18.
• Camping: Campingplatz Hirtenteich, 73457 Essingen-Lauterburg, Tel. 0 73 65/2 96.

## Information

Bürgermeisteramt,
73450 Neresheim,
Tel. 0 73 26/81 49.

## Karte

Topographische Karte 1: 50 000, Blatt 16, Aalen/Heidenheim.

# Infoteil

## Adressen

Bei den nachfolgenden Stellen können Sie weiteres Informationsmaterial einholen:

Landesfremdenverkehrsverband
Baden-Württemberg e.V.
Postfach 10 29 51, 70182 Stuttgart
Tel. 07 11/23 85 80
Telefax 07 11/2 38 58 99

Touristikgemeinschaft
Schwäbische Alb
Marktplatz 1, 72574 Bad Urach
Tel. 0 71 25/94 81 06
Telefax 0 71 25/94 81 08

Schwäbischer Albverein
Hauptgeschäftsstelle
Hospitalstr. 21 b, 70174 Stuttgart
Tel. 07 11/22 585 71
Telefax 07 11/2 25 85 92

Werbegemeinschaft im Landesverband der Campingplatzunternehmer in
Baden-Württemberg e.V.
Postfach 11 16, 73099 Adelberg
Tel. 0 71 66/2 83
Telefx 0 71 66/8 03

## Bootwandern

Mehrere Flüsse und Seen der Schwäbischen Alb laden zu aktiver Betätigung auf dem Wasser ein. Boote können geliehen werden in:

Beuron: Oberes Donautal
Tel. 0 74 66/10 14;
Münsingen-Bichishausen:
Lauter, Tel. 0 73 83/4 08;
Münsingen-Buttenhausen:
Lauter, Tel. 0 73 83/6 75;
Rottenburg:
Neckar, Tel. 0 74 72/1 52 74;
Schömberg:
Stausee, Tel. 0 74 27/21 20;
Tübingen: Neckar,
Tel. 0 70 71/9 13 50.

## Feriendörfer

Zusätzlich zu den Unterkunftsmöglichkeiten, die bei den einzelnen Touren angegeben sind, seien hier noch einige Adressen für einen längeren Aufenthalt an einem Ort der Schwäbischen Alb genannt, von dem aus einzelne Ausflüge durchgeführt werden können:

Gomadingen: Feriendorf Gomadingen, Tel. 0 73 85/96 98-0;
Gschwend: Familienferiensiedlung Rappenhof,
Tel. 0 79 72/50 57;
Hayingen:
Lauterdörfle, Tel. 0 73 86/5 11;
Meßstetten-Tieringen: Feriendorf Tieringen, Tel. 0 74 36/7 95;
Sonnenbühl-Erpfingen: Sonnen-

matte, Schwaben-International, Tel. 0 71 28/9 29 90; Tuttlingen-Möhringen: Feriendorf, Tel. 0 74 62/3 40 und 62 43.

## Geologische Museen und Sammlungen

Aalen, Urweltmuseum, Tel. 0 73 61/52 22 31; Albstadt, Museum im Kräuterkasten, Tel. 0 74 31/1 60 14 65; Bad Boll, Versteinerungen-Sammlung Willy Hohl, Tel. 0 71 64/62 44; Dotternhausen bei Balingen, Fossilienmuseum im Werkforum Zementfabrik, Tel. 0 74 27/7 92 11; Ehingen/Donau, Museum der Stadt Ehingen, Tel. 0 73 91/5 03-104; Giengen a. d. Brenz, Museum der Stadt Giengen, Tel. 0 73 24/22 25; Göppingen, Naturkundliches Museum, Tel. 0 71 61/47 42; Holzmaden, Urweltmuseum Hauff, Tel. 0 70 23/28 73; Laichingen, Museum für Höhlenkunde, Tel. 0 73 33/55 86; Schwäbisch Gmünd, Museum für Natur und Stadtkultur, Tel. 0 71 71/57 37. Trossingen, Heimatmuseum »Auberlehaus«, Tel. 07425/2 56 82; Tübingen, Museum für Geologie und Paläontologie, Tel. 0 70 71/29 24 89; Ulm/Neu-Ulm, Naturkundliche Sammlungen der Stadt Ulm, Tel. 07 31/1 61 34 40; Weilheim/Teck, Urweltmuseum, Tel. 0 70 23/28 73.

## Höhlen

Die Schwäbische Alb ist das höhlenreichste Gebiet der Bundesrepublik Deutschland. Hier die wichtigsten Schauhöhlen: Albstadt-Onstmettingen: Linkenboldshöhle, Tel. 0 74 32/2 15 21; Bad Überkingen: Kahlensteinhöhle, Tel. 0 73 31/6 66 60; Fridingen a. d. Donau: Kolbinger Höhle, Tel. 0 74 63/85 34; Giengen-Hürben: Charlottenhöhle, Tel. 0 73 22/13 91; Laichingen: Tiefenhöhle, Tel. 0 73 35/55 86; Lenningen-Gutenberg, Gutenberger Höhle, Tel. 0 70 26/78 22; Lichtenstein, Ortsteil Honau: Olgahöhle, Tel. 0 71 29/25 01; Schelklingen: Hohler Fels, Tel. 0 73 94/20 01; Sonnenbühl-Erpfingen: Bärenhöhle, Tel. 0 71 28/6 35; Sonnenbühl-Genkingen: Nebelhöhle, Tel. 0 71 28/6 05; Westerheim: Schertelshöhle, Tel. 0 73 33/64 60; Zwiefalten: Friedrichshöhle (Wimsener Höhle), Tel. 0 73 73/6 43.

## Museumseisenbahnen, Dampflokfahrten

Romantische Eisenbahnfahrten mit historischem Dampfzug gibt es auf den folgenden Strecken: Amstetten-Gerstetten-Oppingen, Information: Dampfzug »Albbähnle«, Tel. 0 73 02/63 06.

Hechingen-Eyach und Gammertingen-Kleinengstingen-Münsingen,
Information: Eisenbahnfreunde Zollernalb e.V.
Postfach 10 02 01
72302 Balingen,
Tel. 0 74 76/79 49.

Nürtingen-Neuffen mit dem »Sofazügle«,
Information: Herr Kirchner,
Tel. 0 70 25/43 69 und
GES e.V., Tel. 07 11/44 67 06.

## Motivstraßen

**Schwäbische Albstraße**
Sie überquert das langgestreckte schwäbische Mittelgebirge von Südwesten nach Nordosten auf einer Länge von ca. 200 km. Sie beginnt in Tuttlingen bzw. Trossingen und endet in Nördlingen bzw. Aalen.
Weitere Informationen erhalten Sie bei:
Touristik-Gemeinschaft Schwäbische Alb, Marktplatz 1, 72574 Bad Urach,
Tel. 0 71 25/94 81 06.

**Straße der Staufer**
Sie ist etwa 130 km lang und berührt nahezu alle bedeutenden Punkte, die mit der Geschichte, der Kunst, Kultur und Politik der Staufer in ihrer engeren Heimat zusammenhängen. Wahrzeichen der Landschaft ist der charakteristische Bergkegel des Hohenstaufen mit dem dort eingerichteten Dokumentationsraum staufischer Geschichte.
Weitere Informationen hierzu: Fremdenverkehrsgemeinschaft Stauferland, Verkehrsamt, Im Kornhaus, 73525 Schwäbisch Gmünd, Tel. 0 71 71/60 34 55.

**Hohenzollernstraße**
Eine kulturhistorische Straße zu den Sehenswürdigkeiten der einstigen Hohenzollerschen Lande. Ausgangspunkt ist die alte Residenzstadt Sigmaringen. Die Strecke führt über Kloster Beuron und den Großen Heuberg nach Albstadt, Balingen, Haigerloch, zur Burg Hohenzollern und durchs Laucherttal nach Sigmaringen. Weitere Informationen: Landratsamt Sigmaringen, Leopoldstr. 4, 72488 Sigmaringen,Tel. 0 75 71/1 02-3 58.

# Ortsregister

Kursive Ziffern verweisen auf Abbildungen, geradestehende auf Textstellen.